アメリカにおける証拠開示制度・ディスカバリーの実際

The criminal dislosure system in the USA;
The practice of the "DISCOVERY"

樋口和彦
Kazuhiko Higuchi

花伝社

アメリカにおける証拠開示制度・ディスカバリーの実際◆目次

はじめに

一般に裁判手続きは民事事件と刑事事件に分かれる。その他に、家庭事件、少年事件、破産事件等もあるが、いずれも大きな枠の民事事件か刑事事件に入れることができよう。

そして、典型的な民事事件（貸した金を返せ、交通事故による怪我の損害賠償をせよ、等）と典型的な刑事事件（人を刺したか、刺したとすればどのような刑罰を科すべきか）で、互いに大きく異なる裁判手続規定を有する。ここでいう「手続」法規とは、「実体」法規と対比されるものである。後者は、「金を貸した者はその返還を請求できる」、「違法に人に怪我させた者は被害者に損害賠償をしなければならない」（以上、民事の実体規定）とか、「わざと人を傷つけた者は懲役3年以上の罰を与える」（刑事の実体規定）というものである。

これに対し、裁判手続法規とは、どのように裁判所に訴え、どのような過程と方法で結論を出すかを規定する法規をいう。実体法規と違って技術的なことが多く、例えば民事訴訟法、略して「民訴法」は、その退屈な内容から「眠素法」などと呼ばれることもある。

本書で扱うのは、刑事手続法の中でもさらに技術的要素が濃く、一般になじみの薄い証拠開示手続き、それもアメリカにおけるそれである。アメリカでは、これをディスカバリーと呼ぶ。

本書でアメリカのディスカバリーを扱う理由は、第1章で述べるように、2016年、日本の刑事訴訟法が改正され、一部、ディスカバリーに似た制度が導入されたが、日本弁護士連合会（日弁連）や多くの刑事弁護士がさらなる証拠開示を求め、その際、アメリカのディスカバリーを紹介することが多いからである。

ところで、アメリカの刑事手続きは陪審員裁判を採用しているが、そこでは多くの誤判が見られるのも事実である。日弁連等は長い間、陪審制度の導入を提唱してきたが、その長所・短所を見極めずに陪審制度を推奨することは危険である。なお、イギリスを発祥の地とされる陪審裁判は、アメリカにおいてその独自の意義と特徴をもって発展した。アメリカがイギリスの植民地であったころ、裁判官及び検察官はイギリス国王により任命された。宗主国の裁判を利用した植民地人民（アメリカへの移住者）への弾圧は、植民地人民で構成される陪審員によって跳ね返す必要があった。同輩による裁判が求められたのである。このため、その憲法にも陪審裁判を受ける権利が定められた。これは、権力は人民に由来するとされる民主主義の一つの表れであるともいえる。

しかし、民主主義は多数決原理を主たる属性の一つとされるだけに、一歩間違えれば少数者に対する弾圧や独裁政治の道具に使われる危険がある。そこで、何人も侵されることのない基本的人権と自由を有するという自由主義が多数の横暴の防波堤にならなければならない。民主主義的裁判にこの観点を入れないと、非理性的な感情に左右される人民裁判に堕してしまう危険がある。民主主義の政治体制下では、司法はむしろ自由主義に基礎をおくことを本質とするともいえる。

陪審裁判をも参考にして日本で導入された裁判員裁判（6人の市民たる素人裁判員と3人のプロフェッショナルである裁判官で構成される裁判所が多数決で結論を出す制度）で重罰化傾向が見られたり、責任能力（自己の行為の是非を判断し、かつ、これに従って行動する能力。精神的病いのため幻覚症状を起こし、その状態で人に怪我をさせてしまったような場合、精神能力が不完全ないし存在しないとされ、刑罰が軽くされたり無罪とされたりする。それが責任主義――各人はその責任に応じて刑罰を科せられる――という考え方であり、近代刑法理論の基本とされる）の完全性に疑問のある被告人に、精神的病の故の行為であったならさらに犯罪を繰り返す可能性が高いので長期に監獄に入れておく必要があるとして逆に重罰を課したりする例が見られることは、上に述べた危険の表れではないかと危惧されるところである。

　同様に、アメリカのディスカバリーを紹介するにしても、これを礼賛するだけではなく、制度の成り立ちや運用の実際等を見て、その不都合な場面も検討しながら論ずる必要がある。

　本書は、このような批判的観点を維持しながら、アメリカのディスカバリーを見ていこうとするものである。

　なお、アメリカの刑事訴訟制度は憲法の人権保障条項（権利章典）の体現であるとも言われるように憲法との係わりが深い。また、アメリカは「合衆国」、つまり、50の州の集まりであり、各州は国から独立した独自の権能を有する。国、すなわち連邦の憲法が当然に各州を拘束することにはならないとされる。そこで、国の憲法（連邦憲法）の権利章典のいずれの条項がどのような理屈で各州の刑事訴訟制度に適用されるのかも一瞥したい。

第1章　日本の証拠開示制度

1　裁判員制度と公判前整理手続

日本で刑事裁判手続きに関する基本法は刑事訴訟法である。この法律によると、証拠調べを請求する側はあらかじめ相手方にこれを閲覧させなければならないとされる。では、証拠調べ請求を予定しない証拠はどうか。２００４年の改正前はこれに関する規定がなかった。そこで、自己に不利な証拠は自ら証拠調べ請求をするはずがなく、従って、相手方もその存在を知らず、たとえそれが重要な証拠であっても表に出ることなく裁判が終了するということがあり得ることになる。

真実解明と被告人の権利の保障という観点から、さすがにそれではまずいということで、判例によってその修正を図ってきた。それは、裁判所は、弁護人から具体的に閲覧の要求が出たときは諸事情を勘案して検察官に閲覧させるよう命ずることができるというものである。つまり、問題の解決を裁判所の裁量的訴訟指揮権に委ねたのである。

具体的に要求しろと言われても、弁護人にとっては隠された証拠の有無も内容も知り得ないのが通常であり、何よりも弁護人・被告人の権利として認められたものではないという大きな限界を持つ判例法制度である。

ところで、２００４年に裁判員裁判制度が導入された。この制度は、３人の職業裁判官と６人の素人裁判員が一緒になって裁判をしようというものである。ここで、仕事も家庭もあるであろう６人の裁判員を長く裁判手続きに縛り付けておくことは不適切でもあり可能でもないと考えられた。

これに対処するため、「公判前整理手続」というものが考案された。これは公判開始前に職業裁判官と検察官及び弁護人・被告人が素人裁判員のいないところで、事実上一般傍聴人なしの場所（密室）で公判の進め方を協議しようというものである。ここで、当事者の主張や公判に提出予定の証拠・証人を確定しておき、公判での不意打ち的な主張や証拠提出を防止するのである。そうすれば、公判は短期に集中して進行できるはずだ、素人裁判員に大きな負担と迷惑をかけなくて済むということである。

しかし、証拠収集のための強制力を持たない被告人・弁護人に対し、公判前に主張と予定証拠を確定することと求めるのは酷である。この不都合を回避するため導入されたのが、「類型開示証拠」と「主張関連証拠」の開示である。

前者は、予定証人の供述録取書等、検察官が請求した証拠の証明力を判断するのに関連のある重要な証拠で、法が定める類型に該当するもののうち一定の要件に該当するものを検察官から弁護人に開示させようというものである。

後者は、弁護人・被告人が争点を明示した場合にその争点に関連ある証拠のうち、一定の要件に該当するものを検察官から弁護人に開示させるというものである。

2　ある裁判員裁判における証拠開示の限界

これらの証拠開示は被告人・弁護人の権利として認められるもので、その意味で証拠開示制度の大きな進展と言える。しかし、制度導入の目的が上記のようなもので、被告人の権利保障の観点から発したものではないだけに、大きな限界を有している。

第1に、裁判の重要な過程が非公開でなされるという点である。

第2は、公判前整理手続が採用されない裁判は従前と変わらない。

第3に、公判前整理手続で確定した主張と証拠以外は原則として公判で主張ないし提出することは許されないとされるので、弁護人・被告人の公判での活動が大きく制限される。第4に、弁護人の請求がある場合に限られるので、弁護人がその存在を知り得ないものは開示されえない。

この点につき、法律新聞に掲載された筆者の批判的論稿をここに紹介しておく。

裁判員裁判体験報告

裁判員裁判を担当したので報告する。

1　事件は，傷害致死及び死体遺棄に関する共謀共同正犯事件で，被告人が実行行為者3人と共謀したかが争点であった。

「共謀」の意義につき，裁判所の裁判員に対する説明は，「直接手を下していない人でも，①犯罪を共同して行う意思を通じ合い，②自己の犯罪を犯したといえる程度に犯罪の遂行に重要な役割を果たしていれば，共犯として処罰されることがあり，この場合を『共謀共同正犯』といいます。」というものであった。これは最高裁判所が刊行した平成19年司法研究報告「難解な法律概念と裁判員裁判」の記載に依拠したものである。弁護人は練馬事件判決の，「共同意思の下に一体となって互いに他人の行為を利用し、各自の意思を実行に移すことを内容とする謀議」が必要である旨を説明すべきであると主張した。確かに練馬事件判決は共同意思主体説的発想があり気になるところではあるが，自己の犯罪意思を実行に移すことを要件とする点で，教唆か正犯かの区別を放棄したような裁判所案より厳しい基準であると考えたからだ。しかし，裁判所はこれを採用しなかった。

対して，検察官は，冒陳及び論告を通じて，「気持を通じ合わせる」を繰り返した。中学生のいたずらの相談や若い男女の恋愛ではあるまいし，「気持を通じ合わせる」とは何たる曖昧模糊とした表現か。裁判所は裁判員にこの表現の不当性を教示したのであろうか。

2　裁判員裁判は公判前整理手続が必要的となる。そして，ここで争点の整理と証拠の絞り込みが行われる。

弁護人はこの手続で予定主張記載書面を出さなければならない。問題は，どの程度具体的に主張するかである。いくつかの視点が考えられる。

第1に，検察官の証明予定事実は予断を抱かせるに十分であるため、対抗上、予定主張明示もある程度詳細にせざるをえないのである。この意味で，憲法37条1項から導かれる起訴状一本主義は骨抜きにされる。

第2に，裁判所が証拠の厳選に熱心なため、裁判所を説得するために予定主張明示もある程度詳細にせざるをえない。これは刑訴法316条の32の証拠制限規定にかかわる。原則として公判では新たな証拠は提出できないのだから，弁護人としてはできるだけ多くの証拠を公判前整理手続で証拠請求しなければならない。ここで裁判所が主張との関連性を明らかにするように強く求めれば弁護人は相当深い部分まで手の内を明かさなければならない。弁護人の役割は検察官の主張を弾劾することにあるとすることとの整合性に疑問が生じ，また，被告人の黙秘権と弁護人の防御権は実質的に制限を受ける。

この点，裁判所は，証拠調べの準備でしかない公務所照会（法279条）さえ，厳しく関連性を要求し，結局，公務所照会は実現しなかった。また，検察官が証人請求した共犯者3名については，ほとんど同様のことを証言することが予定されているのに，制限することなくこれを認め，弁護人の請求する証人については重複を理由に制限しようとした。

なお，裁判所は弾劾証拠は法316条の32の制限を受けないとの見解を明らかにした。この点については説の分かれるところであり，裁判所の見解を積極的に評価したい。ただし，法328条が矛盾供述に制限されるとすれば，やはり問題は残るのである。

また，弁護人の手の内を知った検察官は，追加証明予定事実記載書の提出にこだわり，弁護人及び当初の裁判所の消極姿勢にもかかわらず，2度にわたって追加がなされた。さらには，既に刑が確定し服役している3人の共犯者に対し，公判までに各人に10回もの取調べを行い，弁護人の矛盾の指摘を回避するため証言内容を細部に至るまでカチカチに固めてしまった。証言の端々に検察官言葉が表れてくるほどである。また，ほぼ1年半前の木刀の長さを聞かれた証人が「90㎝だと思ってましたよ。」と証言するのである。「1ｍくらいだったと思います。」というのが普通であろう。

第3に，主張関連証拠を提出させるためには予定主張記載書面を提出しなければならない。できるだけ多くの証拠を求めるためにはやはり相当詳細な主張が求められよう。ここは，今度の法改正で証拠開示の幅が広がったと喜ぶのではなく，原則に帰って検察官手持証拠の全面開示をこそ求めていくべきであろう。黙秘権と防御権を犠牲にしなければならない証拠開示という制度は正当でない。

なお，要求に従って警察の取調べメモは開示されたが，検察のそれは開示されなかった。

3　共犯者の一人についての審理を担当した裁判官は他の共犯者の裁判をするとしても不公平な裁判をする恐れには該当しないとするのが判例である。おそらく，高い能力を有し豊富な経験を積んだ裁判官だから，前の審理で触れた証拠を自己の心証に影響させないことができるという思いがあるのであろう。

しかし，裁判員裁判でもこの理がそのまま通用するのであろうか。素人である裁判員は，当該事件の審理に初めて当たる。おそらく，裁判員は，プロの裁判官達も同様であり，法律の専門家として審理の方式や証拠の見方や合理的疑いを超える証明という場合の証明の程度等をアドバイスしてくれる，と考えているであろう。そして，そのようなアドバイスが裁判員裁判の前提になっていると言ってよいであろう（裁判員法66条3項，同6項等）。もし，その裁判官たちが既に共犯者の事件で審理に携わり有罪判決を書いていることを知ったら，そのようなアドバイスをそのまま了解するであろうか。通常，相当割り引いて聞くことになろう。もし裁判官達が，前の審理・判決に影響されずに公正にアドバイスをし，公平に心証を採ると言うなら，他の共犯者の審理・判決に関与したことを事前に（素人である裁判員は心証に関して一度汚染されれば，自己の力でこれを排除することは困難であろう。）裁判員達に正直に言うべきであろう。そして裁判員達の自由な心証形成を保障すべきである。裁判員裁判において，そのような情報を与える保障のないまま，他の共犯者の審理に関与した裁判官を含む裁判体を構成するとすれば，それは不公平な裁判をする恐れがある裁判所と言うべきであろう。

共謀の有無が争点であった本件でも，3人の裁判官は，他の共犯者の審理を担当し，その判決書の認定事実冒頭に，本件被告人と共犯者が共謀したことが書かれていた。裁判長はこのことを公判前に十分に説明したのであろうか。弁護人としては，どのような説明がなされ，それが評議にどのように影響したか，あるいは，影響しなかったのかに強い関心がある。弁護人に限らず，2年後の検証にとっても重要な事項であろう。

4　弁護人は罪体についての判断と量刑に関する判断は手続を分ける必要があるのではないかと問題提起した。これに対し，裁判所が，論告・弁論前に罪体についてのみ評議をすることも一手法である旨の考えを示した。

従前の裁判でも，無罪主張しているときに情状立証は困難であったが，裁判員裁判にあっては，それはより困難となったと言っていい。アメリカの陪審員裁判がそうであるように，手続は二分すべきではないか。そうでないと，弁護人は無罪主張か寛刑かの困難な選択を迫られざるを得ない。ここでは，量刑の誤りも誤判であることを確認しておくことが必要である。

また，裁判所の発想は，いわゆる中間評議を前提としている。しかし，これは法律には定めのない制度である。陪審員裁判では，評議の前には，陪審員同士でも証拠や心証に関する話は堅く禁止されている。中間評議を無制限に許しておけば，主張・立証の全体を見る前に偏頗な意見が裁判員相互に影響し，あるいは，プロの裁判官達に誘導されてしまう可能性をもたらすであろうことを恐れる。

なお，規則ではその51条で中間評議を定めるが，罪体に関する判断は弁論終結後に行うものとしているのであって，前述の裁判所の示唆はこの規則に反する。

5　裁判員裁判は迅速な審理を求める（裁判員法51条）。しかし，これは憲法37条1項に定める被告人の権利を保障するためではない。裁判員の負担軽減のためである。現に本件では6日の審理で結審した。その間に証人調書ができるわけもなく，弁論は同調書なしで作らなければならなかった。被告人のための十分な審理と弁護人の防御権への配慮は見られない。

他方で，11回の公判前整理手続と4回の「打ち合わせ」があり，起訴から第1回公判まで1年2ヶ月を要した。被告人にとっての迅速性は犠牲にされる。司法制度改革審議会意見書は裁判員裁判につき、「個々の被告人のためというよりは、国民一般にとって、あるいは裁判制度として重要な意義を有するが故に導入する」としたが，現実が露骨に，被告人の権利を擁護するための裁判ではないという，その実態を示している。

ところで，弁護人は3回の保釈申請をした。当初の2回は裁判所はこれを却下した。関係者への不当な働きかけをする恐れがあるというわけである。しかし，被告人に不利な証言をする者は共犯者3名だけであり，既に刑が確定して獄の中にいる。証人威迫などなし得ようもない。3回目の保釈請求時には全ての証人の調べが終了していた。ここで漸く裁判所は保釈を許可したが，東京高裁であえなく取り消された。弁護人3人が拘置所内のあの狭い接見室でアクリル板越しに証人調べの終わった日のその夜に時間に追われながら被告人質問のための被告人との打ち合わせをしろというのである。人質司法の面目躍如といったところだ。

なお，検察官は弁護人請求にかかる証人2人を自らも請求すると言い出した。法廷外で公判前にこれらの証人と接触するために規則191条の3を利用しようというわけである。裁判所は，本来反対尋問でなすべきことではないか，そのような接触によって証人が影響を受けたと弁護人から指摘を受けた場合，裁判体がこれを的確に判断できなくなる恐れがあるとして，請求の撤回を求めた。しかし，検察官は，「裁判所の意見は意見として聞く。当方は規則に則り行うだけだ。」と言い放った。

最終的には撤回がなされたが，それにしても関係者への不当な圧力を懸念して保釈請求に反対意見を出した検察官のすることであろうか。そして，裁判所はその後に出された保釈請求にこの検察官の意見を入れて却下決定したのである。武器対等とはおよそかけ離れている。

人質司法を改め，武器対等を保障しなければ，裁判員裁判は近代の刑事訴訟原則から逸脱した私的制裁に接近し，その正当性は失われるであろう。

3 なお残る証拠開示の不十分性

その後，2016年に証拠開示に関しさらなる進展を見た。公判前整理手続等に付された事件について検察官はその保管にかかる証拠の一覧表を弁護人に交付しなければならないとしたのである。これによって弁護人が証拠開示請求の手がかりを得られるようにしようというのである。

しかし，これにも限界がある。

第1に，開示の対象が証拠や情報そのものではなく証拠の一覧表に過ぎないことである。この点は，アメリカにおけるディスカバリー制度と決定的に異なっている。

第2に，検察官の一覧表交付義務は公判前整理手続等が開催されたときに限ることである。なお，同年の改正で弁護人が公判前整理手続等開催を請求することができるようになった。

第3に，一覧表記載対象が検察官所持の証拠に限られる。後に見るように，カリフォルニア州の証拠開示制度は警察等の捜査機関所持の証拠も開示の対象とされる。

第4に、検察官の裁量で犯罪の証明や捜査に支障が生ずると判断される場合は交付不要とすることができるということである。一覧表の弁護人への交付程度で具体的な支障が生ずるとの考え方は弁護人不信（弁護人自ら、あるいはこれを被告人に見せて被告人により、証人威迫や証拠隠蔽等をする可能性があるという不信）に根付いている。

なお、この点に関しても、カリフォルニア州の証拠開示制度では被告人本人のアクセスを制限するなどの方策で対処しているところである。しかし、この交付不要条項を利用して検察官が本来開示されるべき標目を隠すかもしれない。制度として検察官を信じるか弁護人を信じるかという不毛な議論を招きかねない。このような事態を避けるために、仮にこのような理由で不交付を認めるとしても、不交付とする場合は裁判所の判断を経させるとすることが有用であろう。いずれにせよ、どの程度この不交付条項が利用されるか、実務のありようを監視しなければならない。

第5に、一覧表には証拠物の品名や数量、供述録取書の標目等が記載されるべきものとするが、その記載が極めて抽象的であると、弁護人にとって何の手掛かりともならない可能性がある。これも、実際にどの程度個別・具体化されるかとの観点で実務を注視する必要があろう。

第2章　連邦国家における州法の独自性

1　アメリカの連邦と州の関係

さて、アメリカは50の州とワシントンD.C.からなる連邦国家である。ワシントンD.C.は連邦直轄地区であるが、50の州はいずれもそれぞれの主権を有する。連邦憲法制定以来連邦管轄の事項と範囲は徐々に広げられたが、基本的には各州は連邦から独立した地位と権限を持つ。

２０１７年1月に就任したドナルド・トランプ大統領は、移民に対する厳しい姿勢を明らかにした。これを受けて、アメリカ移民局は有効なビザを有しない移民を拘束し送還する政策を強力に推し進めるようになった。このとき、ヒスパニック系が人口の約50％を占めるカリフォルニア州ヨーロー郡（county）において、郡警察の移民問題に関する姿勢についての説明会が開かれた。そこで本書執筆当時ヨーロー郡ウッドランド市に居住していた筆者もそこに参加してみた。

その内容は、郡の警察はビザを有しない違法移民を積極的に取り締まることも移民局に積極的に協力することもしないというものであった。その実質的理由として、不法滞在は軽微な罪でしかないこと、及び、警察と住民の信頼関係こそ重視されるべきものだ、ということを挙げた。そして、形式的理由は、移民問題は連邦の問題であり、移民局は連邦部局であるということであった。大統領の指示は連邦政府に効力を有しても、直接に州や郡に対する拘束力を有しない、というのである。

アメリカ国内にいくつもの「サンクチュアリ・シティ」と呼ばれる自治体がある。「庇護提供市」とでも訳すればよいであろうか。ここでは違法移民にも市民と同様の公共サービス（低所得者向けの医療保険や食費補助、教育補助等）を提供するのである。その数は全米で300以上を数えるという。これに対して、連邦の大統領は直接には禁止を命ずることができないので、トランプ大統領は違法移民保護を続ける自治体には連邦の補助金を交付しないと言い始めた。実際には法律や規則で各補助金支出根拠が定められ、移民関係の補助金の支出しか止められないのであるが、いずれにせよ、ここでも連邦と各州及びその下での自治体の関係が見て取れる。

閑話1　トランプ大統領誕生の実相

筆者がカリフォルニア大学デーヴィス校（UCDAVIS）ロー・スクール客員研究員としてカリフォルニア州ウッドランド市に滞在中にアメリカ大統領選挙が実施され、大方の予想に反してドナルド・トランプ氏が当選した。これについて、筆者の属する研究会に寄せた拙稿を紹介する。

11月8日の大統領選は多くの予想を裏切る形でトランプが勝利して終わった。

多くのマスコミ、世論調査機関は、80%台ないし90%台でクリントン勝利を予想していたのだから、「予想を裏切る」との表現に誤りはないであろう。

私の実体験としても、大統領選の話をしたアメリカ人でトランプ支持を表明した者は一人もいなかった。白人層が多く住む瀟洒な住宅街でトランプ支持を表明する立札を見ることは殆どなかった。そして上記の世論調査もあり、まさかトランプが当選するとは思ってもいなかった。

渡米前の予備選のころから表明していた私の分析は、落ちぶれた白人中産階級がトランプを支えている、そして、いつまでもトランプが選挙戦から脱落しないのは、「隠れ支持者」が相当数いるからだ、というものであった。私が会って大統領選について話した相手の殆どはカリフォルニア大学デーヴィス校関係者であり、上記住宅街の住人も「落ちぶれ」ではないであろうから、この分析と矛盾するものではなかった。なお、アメリカの報道機関等の分析は、大卒白人はクリントン支持、ブルーカラー労働者白人はトランプという図式が目立っていた。

しかし、私の予想は外れた。二つの要因がありそうだ。

一つは、実はトランプを支持していたのは、「落ちぶれた白人中産階級」に限られなかったのではないか、落ちぶれていない白人も支持していたのではないか、ということである。彼らがトランプ支持を表明しなかったのは、そのあまりにも激しい暴言と行儀の悪さから、自分たちも同じに見られるのがはばかられたというインテリ層特有のプライドがあったからではないか、私はそう疑っている。そして彼らは表だって支持を表明しないもののトランプの人種的偏見・差別が透けて見える発言には共感していたのであろう。もしそうとするなら、白人至上主義（White Supremacy）が未だに広く、深く潜行しているのかもしれない。ここは文化人類学に席を譲ろう。

見誤ったもう一つの理由は、世論調査結果に騙されたということである。選挙後の世論調査が外れた理由の一つに、質問に応じて答えた対象者の回答だけの分析をして、無回答者のことを考慮に入れなかった、実は無回答者の中に多くのトランプ支持がいたのではないか、ということが挙げられている。もし、そうとするなら驚くべきことではないか。

すでに述べたように、私のような素人でも「トランプ隠れ支持者」の存在を認識していた。当選「確率」を言う調査機関やマスコミは、確率論という学問分野に少しでも意を払うのであれば、当然にこの「隠れ支持者」や無回答者を考慮に入れて分析すべきであり、私はまさかそこを落としているとは思いもしなかった。

今回の選挙を契機として、世論調査の手法の根本的改善が求められることになるであろう。

（２０１６年11月11日）

2　モデルとなる法律案の作成

とはいえ、それら51の法域（50の州と1つの連邦）は、文化も成り立ちも多くの共通項を有し、法律文化や背景も、元フランス領であったルイジアナ州がやや特殊性を有するものの、概して共通するところが多い。

他方で、51の異なる法律を調査することは筆者の能力の及ぶところではない。そこで、筆者が客員研究員として属するカリフォルニア大学の位置するカリフォルニア州のディスカバリー制度をアメリカディスカバリーの一例として取り上げ、かつ、これを中心に調査、報告することとした。もっとも、連邦はアメリカで最も早くディスカバリー制度を法律に定めたのであり、かつ、その制度は国家としての裁判制度でもあるから、これに敬意を表し、また、カリフォルニア州のそれと比較の対象の一つともなりうるので、後に連邦のディスカバリー制度を概観することにする。

なお、上に述べた多くの共通点に加えて、アメリカ建国以来の交通事情及び通信事情は飛躍的に発展してきた。人、物、情報の州際移動は著しく安易かつ多量になされるに至っている。そのような環境の下では、EU以上に、統一された法的処理が望まれるのも不思議ではない。こうして、不法行為法、契約法などでモデルとなる法律案が作られ、それが多くの州の参考とされるようになってきた（ここではさらに「コモンロー」と呼ばれる、判例の積み重ねによる法形成を中心とするアメリカにおいて、確立されたコモンローを成文法に置き換えることも念頭に置かれている）。

刑事裁判手続法も例外ではない。アメリカ法律家協会（ABA）がそのためのモデル案を提供し、多くの州でこれを参考とした法律改正がなされている。そこで、本書において、その内の「ディスカバリー」と題する基準案（以下、「ABA基準」という）、「検察にとっての公正な刑事手続き」中の開示に関する基準案（以下、「ABA検察基準」という）及び「弁護人にとっての公正な刑事手続き」中の開示に関する基準案（以下、「ABA弁護人基準」という）、の和訳を、巻末の**資料編3**に載せておく。

第3章　ディスカバリーの定義と課題

1　ディスカバリーとは何か

「ディスカバリー」とは、先にも触れたように、証拠開示手続きのことである。アメリカや日本の刑事裁判は訴追側の検察官と防御側の被告人・弁護人が当事者となって自己の主張や証拠をぶつけ合って裁判所の判断を求めるという形をとる。各当事者は、自己の主張を通すために法律や事実の調査をし、それぞれが証拠を集める。

ここで少し、法律の調査、事実の調査、証拠がどのようなものであるかを具体的に見てみよう。

被告人Aが妊娠中の愛人の子（胎児）Bをナイフで攻撃して死なせたとしよう。我が刑法

199条は、「人を殺した者は、死刑又は無期もしくは5年以上の懲役に処する。」と規定する。Bはここでいう「人」に該当するであろうか。Bが胎児であった時も、Bは「人」と言えるのであろうか。生まれる前の子は未だ「人」とは言えないとすると、どの段階で生まれたといえるのか。体の一部が母体から外界に出た時か、それとも体全体が出た時か。これは法律問題であり、争いがあれば当事者双方は学説や判例（これまでの判決例）を調べてその結果を法廷で主張することになる。

もし、殺人罪における「人」とは、子が母体の一部から出たとき以降のことを意味するとすると、今度はAが攻撃したときにBは母体から一部でも出ていたのかが問題となる。これが事実問題である。当事者は証拠をもってこれを主張しなければならない（正確に言うと、刑事裁判では訴追側である検察官が事実の証明をすることが求められ、被告人側がその事実の存在しないことを証明しなければならないわけではない）。そこで、当事者は攻撃時のビデオや医師、助産師等の目撃証言を集めることになる。これが証拠収集である。

「ディスカバリー」とは、当事者の集めた証拠や情報を相手方当事者に示す義務を課すことである。問題は、どちらの当事者が開示義務を負うか、どの範囲の物を開示しなければならないか、いつまでに開示しなければならないか、開示義務に違反した場合にどうなるか、ということである。これに関する定め方で勝ち負けの行方は大きく左右される。

2 証拠開示義務の対象と範囲

もっとも、刑事裁判は法廷で当事者を戦わせて勝ち負けを決めると単純には言い切れない側面がある。被告人が検察ほど財政的、人的そして法的に強力な証拠収集力を有していないことが理由で、また、弁護人の裁判のやり方が稚拙であったりしたために裁判で負けたというだけで刑罰が課されるというのでは、被告人は罪を犯したからではなく、裁判というゲームの稚拙等によって罰せられることになり、刑罰の目的（悪い行いに対する報いを受けさせる、犯罪者を隔離して社会の安全を図る、犯罪者の更生を図る、刑罰の脅しで人々の犯罪を抑止する）を果たすことはできない。また、強大な国家権力と一個人を同じ土俵で戦わせるのは不公平でもある。この辺りが、原則として対等な当事者間で勝ち負けを争わせようとする民事訴訟と異なる。

そこで、刑事裁判では、そこに特有な原則がもたらされる。それは、被告人は有罪が証明されるまで無罪の推定を受ける、ということであり、また、有罪とするためには検察官が合理的な疑いをさしはさめないほどの確からしさで証明しなければならない（民事裁判では相当の確からしさが求められる）、ということである。これに現代の基本的人権尊重の原則が加わって、憲法上及び法令上、被告人の数々の権利が規定される。この辺の事情は日本もアメリカも基本的相違はないといっていいであろう。

そうとすると、開示義務は原則として検察官が負うのではないか、被告人側もその義務を負うのか、負うとして検察官と被告人側に義務の範囲に差はないのか、当事者は他方当事者に有利な証拠や情報についても開示義務を負うのか、等が具体的に問われなければならない。

閑話2　死刑廃止論の根拠

本項で刑罰の目的に触れた。

ところで、死刑に関しては、その存否に関し賛否両論がある。筆者は死刑廃止論に賛成するが、刑罰の目的という観点を中心にその理由を述べる。

第1の目的である悪い行いに対する報いを受けさせるという点であるが、これは被害者による復讐とは異なる。また、「報い」といっても、現代の文明・文化に適合的でなければならない。犯罪者が被害者の目を潰したからといって国家が犯人の目を潰して良いことにはならない。犯罪者が被害者の腕を切断したからといって国家が犯人の腕を切断して良いことにはならない。同様に、犯罪者が被害者を殺害したからといって、国家が犯人の命を奪っていいことにはならない。殺人の報いとして人の命を奪うことは目を潰したり腕を切断したりする以上に非文明的というべきではないだろうか。

第2の目的である犯罪者を隔離して社会の安全を図るという点であるが、死刑は絶対的隔離といえる。しかし、社会の安全確保が目的であるならば、例えば仮釈放も許さない無期懲役でもいいはずである。死刑は目的の度を越していると言えよう。

第3の目的である犯罪者の更生を図るという点であるが、死刑にしてしまえばその犯罪者の更生は不可能である。これは目的に反すると言えよう。

第4の目的である人々の犯罪を抑止するという点であるが、これは犯罪を行えば罰せられるということを人々に知らしめて、人々をして罪を犯そうという気持ちにさせない、いわば見せしめによって犯罪を抑制しようというものである。問題は死刑にこの効果があるかである。

死刑があるから殺人事件が減った、死刑がないから殺人事件が増えたという統計的証拠はない。アメリカの例でいえば、19の州が死刑を廃止し、4つの州が死刑執行を停止し、27の州が死刑の執行をしている。そして、死刑存置州と廃止州で殺人事件発生率に有意な差は見られない。死刑廃止州でも廃止前と廃止後で殺人事件発生率に有意な差は見られない。抑制という目的からも死刑の存在意義は疑わしいというべきであろう。

以上、刑罰の目的という観点からは死刑は廃止されるべきものと考えるのである。

なお、刑罰目的とは離れるが死刑には致命的な欠陥がある。刑事裁判は人間による過去の事象の判断を基礎とするが、そこに誤りが生ずることは免れない。死刑以外の刑罰であれば誤判が判明したとき執行中にこれを中止したり、執行済みの分につき経済的補償という形で、不十分ではあるが誤判被害者を救済することができる。しかし、死刑執行済みの場合はこれらが不可能ということである。

また、経済性という点でも、アメリカでの試算であるが、死刑に要する費用（裁判費用、執行費用等）は被告人を一生拘束しておく費用の数倍を要するとされる。

ところで、「社会契約論」という考え方がある。人々は相互に自己の自由の制限と義務を受け入れて社会を構成し安全に生活する権利を確保するものであり、いわば社会とのギブ・アンド・テイクの契約関係にあるというものである。自分の財産の安全を守ってもらうために対価を払って警備会社と警備保障契約をするようなものである。このとき、自己の全財産を提供して自己の財産の安全を守ってもらうなどということは矛盾でしかない。社会契約論からすれば、死刑とは自己の安全を守ってもらうために自己の命を差し出すというもので、やはり矛盾だということになる。

人道的、経済的、そして哲学的観点からも死刑の存置は再考されるべきものと思う。

第4章　ディスカバリーの連邦憲法における位置づけ

1　連邦憲法による州の拘束

先に、アメリカでは各州が連邦に対し独自の主権を持っていると記した。とはいえ、いくら各州が主権を有しているといっても、一国内のそれであるから、そのことによる限界を有している。

その限界を画するのは、連邦管轄事項に関する連邦憲法と連邦法並びに連邦憲法及び連邦法に関する連邦最高裁（日本で「最高裁判所」とか「最高裁」と言えば東京都千代田区にあるそれを意味するが、アメリカでは各州にもまたそれぞれの最高裁判所があるので、国レベルの最高裁を「連邦最高裁判所」、「連邦最高裁」という）の解釈・判断である。たとえば、各州の有する憲法の定めも、それが連邦憲法に反すれば無効とされる。そして、行政権・立法権を含めてこの連邦管轄事項（例えば州際商業活動）の範囲も大きな広がりを見せ、その限りで州の主権は制限されてきているのである。

このことはディスカバリーにも同様に言える。連邦憲法はいくつもの刑事被告人の権利を定めており、カリフォルニア州が独自にディスカバリーに関する法律を制定するとしても、この連邦憲法に反する定めを置くことはできない。また、連邦憲法に関する連邦裁判所の判決の内容に反することもできない。

そこで、カリフォルニア州のディスカバリー制度に入る前に、刑事訴訟法及びその中のディスカバリーに関し、簡単に連邦憲法及び連邦最高裁判決を見ておこう。

アメリカ合衆国憲法の修正条項

アメリカはイギリスからの独立後、「国家」としての体裁づくりを急ぐため、扱いに争いのあった人権条項については、妥協の産物としてその制定を後回しにして統治機構についての定めを整備して憲法を制定した。そのため、人権に関する条項は憲法制定後に「修正条項」として定められることになった。そこで憲法の人権条項は「修正第2条」などと呼ばれるのである。

ちなみに、この修正2条は国民の武器所有の権利を認める。これは、専制政府を国民が力で倒すことができるという「抵抗権」に根差している。アメリカの独立を、イギリス国王の専制に対する抵抗権の行使として正当化しているのである。豊臣秀吉の「刀狩り」と逆の発想である。もっとも、現代の極めて高度に発達した武器技術とアメリカという国の膨大な武装状況を考えれば、一般国民がいくら銃を所持したところで、武力で国家権力を覆すという発想はもはや維持できないと思えるのだが。

話を戻そう。問題は、このような修正条項がカリフォルニア州を含め各州の刑事訴訟手続きに適用されるか。イエスとして、ディスカバリーにはどの条項が適用されるかである。

先に見たように、憲法の人権条項は統治機構に関する憲法制定（1789年）より遅れて制定された。1791年に制定された「権利章典」がそれである。当初の権利章典は修正1条から10条で構成された。このうち、修正1条から8条までが国民の権利を実質的に定めている（その後追加された分を含めての現行の権利章典につき、在日アメリカ大使館アメリカンセンターによるその和訳を資料として載せておく）。

しかし、連邦憲法は本来は連邦政府を規制するものであり、州を規制するものではない。そうとすると、「州もこの規定を守りなさい」というような明示の定めがないのに州がそれらの条項に拘束されるいわれはないことになる。

この結論に大きな変化を与えたのが南北戦争（１８６１～１８６５年）後の１８６８年に、解放された奴隷の権利を確保することを意図して制定された修正14条である。これは、「合衆国に生まれまたは帰化し、かつ、合衆国の管轄に服する者は、合衆国の市民であり、かつ、その居住する州の市民である。いかなる州も、合衆国の市民の特権または免除を制約する法律を制定し、または実施してはならない。いかなる州も、法の適正な過程（通常、「法の適正手続き」と呼ばれるものである。ここでの訳者は、法の内容の適正性も求められているので「過程」としたとする─筆者注）によらずに、何人からもその生命、自由または財産を奪ってはならない。いかなる州も、その管轄内にある者に対し法の平等な保護を否定してはならない」と定める。州の守るべき義務を規定しているのである。

「全面組み入れ説」と「選択的組み入れ説」

ではこれにより、自動的に権利章典の規定が州を拘束することになったか。否である。確かに、修正14条は全面的に権利章典を取り入れた、したがってその規定は州を拘束するという論（全面組み入れ説）もあるにはあった。しかし、連邦最高裁はこの説に与しなかった。最高裁は、修正14条は直接には修正１条から８条とは関係ない、修正１条から８条違反と見える州政府の行為が修正14条のデュープロセス（法の適正手続き）に違反すると判断されることがあっても、それは人々の伝統と良心に根差す正義の原則の内容である基本的人権に反するからである（基本的人権基準説）、従って、修正1条から8条のいずれかに反するからといって直ちに修正14条違反となるとは限らないし、逆に、修正1条から8条に反しなくても基本的公正性に反する州政府の行為は修正14条違反ということもある、としたのである。ややこしい言い方をしたが、要するに修正14条以外の権利章典条項は州には適用がない、適用があるように見える場合があってもそれは修正14条を適用した結果でしかない、というのである。

しかし、その後、両者の折衷説とも呼べる「選択的組み入れ説」が現れ、これが有力となり判例として確立された。この説は、確かに修正14条は修正1条から8条の全てをそのまま取り入れるものではないとして全面組み入れ説を否定し、他方で、特定事案ごとに諸般の事情を総合考慮して決するという基本的人権基準説の思考方法を排し、それら権利章典に定められる個々の権利の性質上、それがアメリカにおける刑事司法の基本的正義を定めるものであれば、それは修正14条に選択的に組み入れられ、州政府の活動にも適用される、というのである。つまり、個別事案ごとに判断する手法から各条文の性質を勘案して決定するという方法に変更されたのである。

この説の確立は1960年代になってからである。折からの司法手続きに関する基本的人権概念の広がりを受け、この説が受け入れられ、かつ、選択される権利の広がりを見た。このため、全面組み入れ説論者も選択的組み入れ説を全面組入れ説の代案的なものとして支持するようになった。

こうして、修正14条には修正1条から8条が定める権利のほとんどが入ることになり、ここに組み入れられない、すなわち州の活動に適用されない人権条項は大陪審による起訴の保障（修正5条）と過大な保釈金の禁止（修正8条）だけとなっている。なお、大陪審とは市民が陪審員となって、検察の提示する事件を起訴するかどうかを決めるというものである。手続きは担当検察官がリードして進められ、実際には検察官の求める通りの起訴がなされる。「ラバー・スタンプ」（めくら判）と言われる所以である。この起訴を「インダイトメント」と言い、検察官が起訴する「インフォメーション」と区別される。

また、保釈保証金制度（ボンドシステムという）については、それが経済的弱者に著しく不公平に作用するとして、サンフランシスコ公設弁護人事務所を中心とした廃止運動が活発になされており、カリフォルニア州でのボンドシステムの廃止立法が視野に入っているところである（2017年5月時点）。なお、この点に関して、2014年にニュージャージー州が非暴力犯罪についてボンドシステム廃止という大きな改革を果たした。それは、証人や社会に脅威をもたらす恐れのある場合と逃走する恐れのある場合は保釈無しの勾留を認め、他方で、非暴力犯については保証金（ボンド）システムを廃止する、つまり保証金を要求することなく保釈を認めるというものである。これにより拘置所人口が19％減少したとの報告がなされている。

閑話３　拘束と保釈

ここで「社会に脅威」と書いた。要するに保釈中に他の人々やコミュニティに危害を加える場合ということである。この考え方は、１９８４年の連邦保釈改革法で明示されたもので、「予防拘束」（preventive detention）と呼ばれる。ニュージャージー州法もこれに倣ったものである。

しかし、逃亡の恐れや証人への危害の恐れとは別に、被疑事実・被告事実とは無関係な犯罪遂行の可能性を理由に被疑者・被告人を拘束することの是非は問題となる。これに関し、１９８７年の連邦最高裁判決は、詐欺、恐喝等で逮捕された被疑者2名につき、一人は犯罪組織のボス（組長）であり、他はそのキャプテン（若頭）であり他の人々やコミュニティに危害を加える恐れがあると認定し勾留を認めた地方裁判所の決定を肯定し、これを違憲とした高裁判決を覆した。

被疑者は、修正5条のデュープロセスと修正8条の過剰保釈金禁止条項に反すると主張したところ、連邦最高裁は、デュープロセスにつき、この身柄拘束の性格は刑罰ではなく行政規制だ、従って無罪推定原則に反しない、政府（社会）のやむに已まれぬ利益と個人の自由という基本的人権の比較衡量で、明確かつ説得的な証明がなされれば許されるとした。少数意見はこれに関し、勾留を刑罰目的と行政目的に分けて実質的適正手続きは前者にのみ適用されるとすることに無理がある、多数意見によれば行政目的とさえ言えば実質的適正手続きの保障なく勾留できることになる、被疑・被告事実が考慮されるのではないから、逮捕または起訴されたこと自体が理由の勾留となり合理的な疑いを超える証明なしの自由はく奪となる、と批判した。

修正8条違反の主張に対しては、同条は過剰保釈金を禁止しているが、全ての場合に保釈を認めなければならないとしているのではないから、同条違反にならないとした。少数意見は、莫大な保証金を課すことと保釈を認めないことは実質的に同じだ、過剰保釈金は許されず保釈を認めないことは許されるとするのは不当と批判する。

この判決以後、各州でもこのような「予防拘束」は許されるとする考え方が確立され、ニュージャージー州がこれを採用していることは既に述べたが、カリフォルニア州の改革案も同様の立場を取っている。

日本では、起訴前の被疑者保釈が認められず、起訴後の被告人は法の形式上は逃亡や証拠隠滅等の恐れがなければ原則として保釈保証金を納めた上で保釈されるべきものとされ、下級審判例ではあるが判例上は再犯の恐れは保釈不許可の理由とすることはできないとされる。その運用上の実際は、被告人が否認している限りほとんど保釈が認められないというものである。被疑者保釈が認めらないことと否認事件での保釈が否定される事態は、弁護人の弁護活動に著しい障害となっている。

2　デュープロセスとディスカバリー

前提が長くなったが、ここでディスカバリーを積極的に根拠付ける連邦憲法修正条項を見てみよう（もっとも、カリフォルニア州裁判所は刑事ディスカバリーを連邦憲法上の権利と位置付けることに消極ではあるのだが）。

実は、明文でこれを保障する規定はない。しかし、州レベルのディスカバリーについていえば、すでにみたように基本は修正14条となる。そして、これに組み込まれたものとして権利章典条項が問題となる。

なお、デュープロセスとの関係では、実は、修正5条も、「何人も法の適正な過程によらずして生命、自由または財産を奪われない。」と修正14条と同じように規定する。ところが、ディスカバリー関連で引用されるのは修正14条である。これは、すでに見たように、デュープロセスについては同条が直接に州を義務付けているからである。

そして、この修正14条に組み込まれているとされる権利章典中、ディスカバリーに関係するものとして、修正４条の不合理な捜索・押収を受けない権利、修正６条の証人対峙権、同条の強制的証人召請権、同条の弁護人の援助を受ける権利、修正５条の自己負罪拒否特権を指摘できる。

ブレイディ・ルール

まず、修正14条の適正手続きの保障（デュープロセス）それ自体がディスカバリーの実質的根拠とされる。デュープロセスの保障はここでは、検察官が証拠を隠して被告人の正当な権利を奪い誤った裁判を導くことを禁止する。

これを明確に認めたのが１９６３年に連邦最高裁の出したブレイディ（Brady）判決である。殺人事件で起訴された被告人ブレイディは一旦は死刑判決を受けたが、殺人の実行行為は自分ではなく共犯者だと言い、そのことを認める共犯者の自白調書を検察官が隠したことから死刑判決を受けたと主張し、上訴後これが連邦最高裁まで行き、死刑判決破棄が決まったというものである。ここで最高裁は、被告人に有利で、かつ、判決（有罪か無罪か（罪体）、有罪の場合にどの程度の刑罰を科すべきか（量刑）についての判断）に影響をもたらす程度の重要な証拠・情報を被告人に明らかにしないのはデュープロセスに反することを明らかにした。これがブレイディ・ルールとされるものである。そして、ブレイディ・ルールでは、被告人の請求を待たずに上記の要件を満たせばその証拠・情報を開示しなければならないものとされている。

ブレイディ・ルールはアメリカのディスカバリーを語るうえで極めて重要なものと位置付けられている。ここで、その後の判例上の発展を加味した現在のブレイディ・ルールを少し詳しく説明しておこう。

ブレイディ・ルールの対象となるのは被告人に有利かつ重要な証拠（情報を含む）である。「有利」の意味は、罪体または量刑につき検察官に不利または被告人に有利ということである。従って、被告人の有罪を否定しうる証拠だけでなく、被告人の正当防衛等の被告人の責任を否定する事由の主張（日本では正当防衛等でないことも検察官が証明する責任があるが、カリフォルニア州ではこれは「積極抗弁」として被告人側が証明する責任を負う。ただし、有罪の証明は合理的な疑いを差し挟まない程度の確からしさの証明とされるが、積極抗弁では50％以上の確からしさ（証拠の優位）で良いとされる）を裏付ける証拠を含む。全体的に観察して検察に有利となるよりも不利となる程度が高ければよいとされる。

ただし、被告人側証人の信用性を高める証拠がブレイディ・ルールの対象となるかについては争いがあるが、カリフォルニア州裁判所は未だこれに対する態度を明らかにしていない。もちろん、被告人の有罪性を高める証拠はここでは対象にならない。しかし、このことが多くの被告人にとって不満の種となっている。「そんな決定的な証拠があるなら、有罪答弁をして、無駄な手間暇をかけたり、陪審員に被告人は嘘を言っているという悪印象を与えずに済んだのに」というわけである。

また、「有利な証拠」には証言を弾劾（証拠の価値・信用力を貶めること）する証拠も含む。たとえば、証人と捜査・訴追機関との約束、証人の捜査・訴追機関への思い入れや被告人に対する反感、証人の前科・前歴、記憶力・表現力の衰退、捜査・訴追機関の証人への教え込み（筆者の担当した事件では、３人の検察側証人に検察官がそれぞれ10回事前面会し、都合数十時間の教え込みをしたことが当該証人に対する反対尋問で明らかになったことがある。これでは証人の口を借りた検察官の供述となってしまう）、証人への脅迫・強制・誘導などに関する証拠である。

ブレイディ判決では弾劾証拠には触れていなかったのであるが、１９７２年の連邦最高裁でブレイディ・ルールによる開示の対象には弾劾証拠も含まれることが明らかにされた。この事件は、為替小切手詐欺事件で偽造為替を作成した銀行員が、彼が与えた署名カードを利用してギグリオ被告人が偽造為替を作成したことを法廷で証言すれば彼自身は起訴を免れるという内容を検察官と合意し、その通り証言してギグリオ被告人が有罪になったが、上記合意は開示されなかったというものである。最高裁は銀行員の証言がギグリオ被告人有罪の決定的証拠であったのだから、その弾劾証拠にも重要性があるとして、ブレイディ・ルール違反を認定したのである。なお、ギグリオ被告人の担当検察官は上記合意を知らされていなかった。後に触れる「検察チーム」概念の適用の一例である。

もう一つの要件である「重要な証拠」とは、結果が異なる（事実認定者《陪審裁判の時は陪審員、裁判官裁判の時は裁判官》の証拠のとらえ方が変わる場合と弁護人の方針が変わる場合）合理的可能性をいう。これに関し、他の証拠と総合的に勘案して異なる結果となるかで重要性を決すべしとするのが判例であるが、それでは全証拠を検討して有罪の心証が崩れそうになるときに破棄するのと変わらず、ブレイディ・ルールの独自の意義（検察官は被告人に有利な証拠を隠してはならない）を薄めることになる、被告人に有利な証拠はすべて開示すべきだとすることを前提に、非開示証拠が結果を左右しなかったはずだということは検察官が証明すべきだ、との連邦最高裁裁判官の有力な反対意見が表明されている。

証拠能力の有無とブレイディ・ルール

また、証拠能力（法廷で証拠として取り調べの対象としてよいか否かのこと。ある証拠がどれほど信用に値するかの「証拠の信用力」とは区別される。違法な方法で取得された証拠は証拠能力が否定されることがあり、これは「違法収集証拠の排除」と呼ばれる）の有無を判断するための審理に関しブレイディ・ルールの適用があるかについては裁判例は分かれるが、仮に適用ありとしても、証拠能力の有無の判断についての結果が異なる合理的可能性があればよいとする説と、検察官提出証拠の証拠能力が否定された場合に公判の結果に差がある必要があるとする説に分かれる。

例えば、被告人から採取した尿から覚せい剤が検出され、それが証拠として提出され、実は警察官が令状なしに無理やり被告人から尿を採取したことを示すテープレコーダーがあるとする。前説（証拠能力の有無を基準とする説）によれば、令状も被告人の同意もないのだから尿の証拠能力はなく、従って、当該テープレコーダーは「重要な証拠」となりブレイディ・ルールにより開示されるべきものとなる。後説（公判結果を基準とする説）によれば、被告人の自白、被告人が覚せい剤使用したときの注射器とそこに付着していた被告人の指紋の存在、他の目撃証人の存在等によって有罪の心証に変化がもたらされないであろうときは「重要な証拠」とはならず開示の必要性がなくなる。

後説は一見、至極まっとうに見える。しかし、「重要な証拠」該当性の第1次的判断者は検察官である。有罪を主張する検察官が当該テープレコーダーがあれば無罪となるであろうと考えるなどという場合は非常に限られるであろう。通常は、検察官としてはその録音内容は事件の本筋から外れていると判断するであろう。そうとすれば、被告人に有利な証拠はこれを開示してその防御の万全と手続の公正を期すというブレイディ・ルールの目的を減殺してしまうことになる。

弁護人の立場からは、もしそのテープレコーダーが開示されていたならば尿の証拠能力を否定できるばかりでなく、当該警察官が関与した他の証拠の取得方法、作成過程に大きな疑問を提供することができると考えるのが自然である。ブレイディ・ルールの独自の意義を考慮すれば前説が妥当というべきであろう。

なお、ABA検察基準3.5.4（a）は開示対象に証拠を弾劾する情報を含め、同（c）では結果に影響する可能性についての検察官の恣意を排し、「重要性」を要件としないことを明らかにしている。

開示の時期については、それが被告人側にとって有利な価値が失われるまではその未提出はブレイディ・ルール違反とはならないが、他方で、被告人側は公判前でもそのような証拠が検察官側にあることの説得力ある主張をして裁判所に開示命令を出すことを求めることができる。また、有罪判決後にも検察官はブレイディ義務があるかにつき連邦最高裁はこれを否定するも、カリフォルニア最高裁はこれを肯定している。

今、「証拠が検察官側にある」と表現したが、これは「検察チーム」と解されており、それは捜査機関や当該事件捜査・訴追に関係した他の公的機関も含み、担当検察官がその存在を知っていたか否かを問わないものとされる。ただし、同じ検察官事務所内検察官で当該事件を担当しない検察官がここに含まれるかは説の分かれるところである。

さらに、検察チームの所持ではなくても、検察チームが主観的にその存在を知っている証拠も含むとされる。つまり検察官としては、破棄判決を防ぐためには、警察を的確に指揮し所持する証拠及び知っている証拠をすべて報告させておかなければならないことになる。この点、後に紹介するノースカロライナ州のディスカバリー法は警察等の訴訟担当検察官への全資料提供義務を規定する（15A-903(b)）。

なお、被告人に有利かつ重要な証拠であっても、それが被告人側に入手可能であれば（いくつかの判例は、被告人側が検察官より入手容易な証拠とする）、後に触れるサピーナにより入手可能な証拠も含めて、開示義務の対象外となる。

3　修正4条と証拠開示

さて、権利章典に戻ると、まず修正４条の不合理な捜索・押収を受けない権利が問題となる。連邦レベルでは同条違反により取得された証拠に証拠能力はないとされていたが、州レベルでも同様の結論がもたらされたのは１９６１年連邦最高裁判決によってである。ここにおいて、州レベルでも被告人としては修正４条違反を理由に証拠排除を主張できることになった。そして、捜索・差押えの合法性に関する資料は捜査機関側にあるのが普通であるから、被告人側は訴追側にその資料の開示を求める必要があることになる。

この関係で開示が求められるものは広く考えられるが、面白いのは警察官の信用性にかかる情報が開示対象となることである。令状請求には警察官の宣誓供述書を添付するのが普通であり、令状なしの捜索・差押えでは手続きの適正を証するためには警察官の証言がなされるであろうから、当該警察官の信用性にかかる証拠・情報が重要な資料となるのである。この点に関しては、カリフォルニア州ではピッチェス申立（Pitchess motion）として論じられるところであり、後に触れる。

閑話4　GPS捜査は違法か？

ある捜査方法が令状を必要とする強制捜査といえなければ、そもそも修正4条適合性の問題は生じない。この点が問題になったのが、GPS捜査である。つまり、捜査機関が捜査対象者の車などにGPS装置を装着し、その移動を確認する手法である。

これにつき、日米両最高裁がそれぞれ判決を出している。その比較検討をしたのが、下記法律新聞掲載の拙論である。

2017年3月15日、最高裁大法廷は、GPS捜査は特別の根拠規定がなければ許容されない強制の処分に当たり、かつ、令状がなければ行うことのできない処分であるとの判決を言い渡した。

実は、2012年1月23日、アメリカ連邦最高裁判所でもGPS捜査に関する判決があった。そこで本稿では、これを紹介し、その後に日本の最高裁判決を振り返ってみようと思う。

連邦最高裁の事案は、ナイトクラブを経営する被告人はそのマネージャーとの麻薬の販売及び販売目的所持の共謀罪の疑いで捜査の対象となり、警察は被告人の車に密かにGPSを装着し、4週間にわたってその動向を追跡した。これにより得られたデータの証拠許容性が争点となったというものである。

連邦最高裁は、9人の裁判官の全員一致で、警察による被告人の車へのGPS装置設置及びこれを利用した同車両の動向の監視は、不合理な捜索を禁止した修正憲法4条の「捜索」に該当する、従って令状のない本件GPS捜査により得られたデータの証拠能力を認めないとした。

しかし、その理由付けは5対4と大きく二つに分かれた。

多数意見は、1967年判決（公衆電話ボックス内への盗聴装置装着により取得した証拠につき、プライバシー侵害を理由に違法として証拠能力を否定した判決。）以来、「捜索」該当性判断につき他人の財産への侵入・侵害という側面からプライバシー保護という側面に重点が移行しつつあることは認めつつ、後者は前者に置き換えられるものではないとして、本件では被告人の車両への侵入があったことを理由に捜索該当性を認めた。

これに対して、4人の少数補足意見は、1984年判決（警察が薬品の売主の承諾得てその容器に電波発信装置（ビーパー）を入れ、それと知らずに薬品を買った被告人がこれを車内に置いて運転を開始し、警察はその車の動向を1日足らずの間、追跡捜査した事案で、連邦最高裁は公道上の動向調査だから捜索に当たらないとした。）を前提に、長期間の継続的な監視は人のある特定の行動をつかむというよりその人の全てを把握してしまうものであり、短期の監視行動とは質的に異なること、財産侵入・侵害を捜索該当性の要件とすることは技術の発展した現代において不要であるばかりでなく不十分であるとして、本件GPS捜査を違法な捜索に当たるとしたのである。

少数補足意見によれば侵入行為がなくとも捜索該当性が認められることがあるが、多数意見ではこの点が明確でない。この点は、多数意見が、そのような場合に違憲判断となるかもしれないが、本件では侵入行為の存在が認められるのでこれに触れる必要がなかったとしているように、将来の判断にゆだねられたのである。

ところで、2017年最高裁判決は、「このような捜査手法は、個人の行動を継続的、網羅的に把握することを必然的に伴うから、個人のプライバシーを侵害しうる」とし、それは「個人の意思を制圧して憲法の保証する重要な法的利益を侵害するものとして……強制の処分に当たる」と判断した。これは連邦最高裁の少数補足意見と同趣旨であろう。

しかし他方で、同判決は、「機器を個人の所持品に密かに装着することによって……公権力による私的領域への侵入を伴うものというべきである。」、「機器をその所持品に密かに装着することによって……その私的領域に侵入する捜査方法で……憲法の保障する重要な法的利益を侵害する」とする。これは連邦最高裁の多数意見に近いものといえよう。そうすると、通信サービスプロバイダーの提供するGPSデータや工場出荷時に備え付けられているナビゲーションシステムによる動向追跡捜査は違法な捜査に当たらないとされる可能性が残ることになる。

ところで、2016年、大分県警が労働組合が入る建物の敷地に侵入して密かにビデオカメラを設置したことが問題となった。県警は無断で敷地に入ったことにつき謝罪したが、ビデオカメラ設置自体の非を認めていない。これは、上記2説のいずれを取るかで結論の分かれる場面である。

わが国でも、憲法35条にいう捜索につき、財産権侵害を伴わないプライバシー侵害がこれに当たるのかを正面から議論すべき時ではないだろうか。

4　修正6条と証人対峙権および強制的証人招請権

ディスカバリーの根拠としての修正6条に移ろう。同条は被告人に対し証人対峙権と強制的証人招請権を保障する。そのうち、証人対峙権には証人弾劾権及び反対尋問権がある。前者は証人および証言の信用性を低下させることであり、後者はその目的を法廷での反対尋問で達しようとするものである。このような権利を実質的に保障するには、証言前に証人の住所、氏名、前科の有無、被告人との関係や訴追側との利害の有無等を知ることが有用である。

従って、これらに関する証拠や情報の開示が求められることになる。具体的にはカリフォルニア州法の説明の際に再論する。

次に、修正6条の強制的証人召請権であるが、被告人が自己に有利な証人が存在するとしても、そのことを知らなければ、あるいはその証人の名前や住所を知らなければその権利を行使しようがない。そのため、訴追側がこれを知っていればこれを被告人に開示すべきことになる。

修正6条による開示事項も、それが判決に影響をもたらす程度の重要な証拠・情報であれば、ブレイディ・ルールによって、検察官は被告人の請求を待たずにそれらを開示すべきことになる。

5　被告人の義務としてのディスカバリー

ここまでは被告人の権利としてのディスカバリーの根拠を見てきた。では被告人にディスカバリー義務を課すことができるか。相互主義の問題として後にも触れるが、修正条項との関係を簡単に見てみよう。関係する人権条項は、修正5条の自己負罪拒否特権、修正14条の適正手続き＝デュープロセス、修正6条の弁護人の援助を求める権利、修正4条の身体の尊厳である。このうち、前の3つを見てみる。身体の尊厳についてはカリフォルニア州法の説明に際に触れる。

自己負罪拒否特権

修正5条は、何人も「刑事事件において自己に不利な証人となることを強制されない。」と規定する。自己負罪拒否特権と呼ばれる。これを前提にすれば、被告人に自己に不利益な証拠の開示を強制することはできないのではないかとの疑問が出る。現に、カリフォルニア州では1990年（この年に刑事法典が改正されディスカバリー法が制定された）まで、被告人に開示義務を課すことは修正5条に反すると解されていた。

しかし、訴訟の円滑な進行、訴訟の公正・公平の確保、真実発見等の観点から、カリフォルニア州を始め、連邦及びほとんどすべての州は相互主義を採用するに至っている。すなわち、そのような観点からは開示義務は検察官だけではなく被告人側も負うというのである。しかし、それでも修正5条に直接的に反することはできないので、法廷に呼び出す予定の証人に関する情報を事前に開示する義務につき、証言予定者が被告人本人の場合はこれが適用されない。

なお、日本では、「被告人質問」といって、被告人が法廷の証言台に立ち、主尋問（弁護人からの質問）、反対尋問（検察官からの質問）及び補充尋問（裁判官からの質問）を受けるが、憲法38条1項が、「何人も、自己に不利益な供述を強要されない。」と規定し、これを受けて刑事訴訟法311条1項が被告人の黙秘権と供述拒否権を保障するので、被告人は全ての質問に答えなかったり、個別の気に入らない質問への回答を拒否することができる。

これに対し、アメリカでは自己負罪拒否特権があるので証言台に立つことを拒否することができるが、いったん証言台に立てば自己負罪拒否特権を放棄したものとみなされ、証言拒否権は否定される。そのため、アメリカでは被告人を証言台に立たせるか否かは弁護方針の大きな一つの要となる。後に述べるように、被告人が証言台に立たなかったことを被告人の不利に斟酌することは、自己負罪拒否特権の侵害とみなされる。

被告人側の開示義務

次にデュープロセスとの関係である。先に積極的根拠としてデュープロセスを挙げたが、デュープロセスの保障は、検察官が被告人有罪の立証責任を負い、被告人側が無罪であることの証明をする必要がないとの原則をも含む。この点から、被告人側の開示義務を否定する考え方もあったが、被告人側に開示義務を課すことはこれに立証責任を負わすことと同じではなく、開示義務との関係でのデュープロセスの要請は被告人側の開示義務が検察官のそれより重いものであってはならないというところにあり、真実発見と裁判の効率性追求のために、その範囲で被告人側に開示義務を負わすことはデュープロセスに反しないとされるに至っている。被告人側の義務を完全に排除する態度を取らなくなったのである。

こうして、後にカリフォルニア州法で詳しく見るように、法の規定上は被告人側の開示義務を定める場合にも、開示義務の範囲、程度、時期等は検察官のそれを超えないものとされるが、さらに、解釈に幅があるディスカバリー条項の場合は、被告人に有利に解釈される傾向がある。例えば、後に見るカリフォルニア州刑事法1054.1（c）は、捜査において取得された物証の開示を義務付けるが、捜査過程以外で取得した物証、特に法廷に顕出予定の物証については明示されていない。しかし、裁判所はこれも同条の解釈としてこれを開示すべきものとする態度をとる。

なお、ここで、「立証責任」を検察官に負わすと言ったが、「立証責任」という言葉の意味は、証明がなされなかった場合にどちらの不利に判断するかということである。つまり、検察官に立証責任を負わすということは、被告人が犯人であることが証明されなかった場合には検察官に不利に、すなわち無罪の判断がなされるということである。被告人の無実が証明されなくても被告人が有罪ということにはならないのである。「被告人は無罪の推定を受ける」という原則の、証明責任という側面での表現といえよう。

閑話5 「無罪」の意味

ここで「無罪」という言葉を使ったが、正確に言うと、検察官にのみ有罪の証明責任を課すのであるから、裁判の対象は「有罪」か「有罪ではない」かであって、有罪か潔白かではない。従って、裁判の結論は「ギルティ（有罪）」か「ノット・ギルティ」ということになる。

日本でも検察官に立証責任がある点ではアメリカと同じであるが、検察官の立証が失敗したときの裁判所の宣告は「被告人は無罪」である。この場合の無罪を「有罪ではない」という意味だと解釈すれば問題がないが、やや誤解を招く表現ではある。法律に詳しくない人が、裁判では被告人の犯人性が相当疑わしいところまで証明が進んだのに、そして弁護人の無罪立証はおぼつかないものにすぎないのに「無罪」とされるのを見て、感情的反発を覚えることにもなろう。一般に「潔白」と同義ととらえられがちな「無罪」という言葉に代えて、「検察の訴えを棄却する」というような、手続目的に沿った表現は考えられないものであろうか。

なお、有罪の場合には、有罪であることとともに課される刑罰も宣告される。「被告人を懲役3年に処す」という具合である。有罪か無罪を争っていたときは、判決宣告時に当事者は固唾を飲んで判決を待ち構える。そして、裁判官が、「被告人は」と言ったらその後を聞かずに無罪、「被告人を」と言ったら後を聞かずに有罪であることが分かる。「は」か「を」で即座に判断できる。そして日本の刑事裁判では「を」が99・9％を超えているのである。

被告人と弁護人の「秘密交通権」

最後に、被告人の開示義務と修正6条との関係である。同条は被告人が弁護人の援助を受ける権利を有することを定める。この権利は実質的に保障されなければならないとされ、単に弁護人が付されるというだけでは足りないとされる。このような考え方からくる結論の一つとして、被告人と弁護人の「秘密交通権」あるいは「秘密接見交通権」が挙げられる。

これは、被告人と弁護人間のやり取りの秘密が守られなければ、被告人は安心して弁護人に率直にすべてを話すことができないし、弁護人としても率直で効果的なアドバイスがしにくくなるという考え方によるものである。「秘密交通権」なんて陰に隠れて車を運転するような表現にせずに「内緒の打合わせ権」と言えばよさそうであるが、我が法曹界では「秘密交通権」とか「接見交通権」という言葉が通用しているのでこれをそのまま使うことにする。

ともかくも、この権利があるために、被告人側は被告人・弁護人間のやり取りの内容を開示するよう迫られることはないことになる。従って、被告人に開示義務が課される場合であっても、被告人・弁護人の会話の内容は開示義務から外れることになる。なお、弁護人は担当する当該被告事件だけでなく、他事件で開示を求められても依頼者の秘密を守る権利を行使してこれを拒否することができる。

閑話6　不適切弁護

なお、ついでながら、実質的に弁護人の援助を受けられる権利は、有能な弁護士及び有効な弁護活動による援助を受ける権利を意味するとされる。このため、アメリカでは有罪判決後、弁護士が無能だった、裁判をやり直せという主張が上訴審や判決確定後のヘイビアスコーパス（人身保護請求）で出されることがある。

この弁護士無能論について、ある機関紙に掲載された筆者の小論を以下に紹介する。

不適切弁護の日米比較

新聞報道によると、2017年3月14日、大阪高等裁判所は、傷害事件一審において被告人が否認しているにもかかわらず弁護人が被害者の供述調書に同意したのは被告人の意に沿わない弁護活動であり、「弁護人は調書を不同意にし、証人尋問で被害者証言の信用性を争うべきだった」とし、訴訟手続きに違法があるとして一審有罪判決を破棄差し戻したとのことである。

調書に同意することはその証拠能力（前述したように、その証拠を事実認定者の目に晒してよいか否かということ。）を争わないというだけのことであり、信用力・証明力を認めることではない。調書に同意しても被害者を証人申請することはできるはずである。まして、刑訴法321条1項2号により相反供述調書の証拠能力を極めて広範囲に認めてきた裁判所に同意したことを問題にされるいわれはないと言いたくもなる向きもあろう。しかし、ここでは不適切弁護につき、アメリカの判断方法を事例を含めて若干紹介して論評するにとどめよう。

アメリカ憲法修正6条は刑事被告人が弁護人の援助を受ける権利を保障する。この権利は、弁護人が付けばよいというだけでは不十分で、有能な弁護士及び有効な弁護活動による援助を受ける権利を意味するとされる。このため、アメリカでは有罪判決後、不適切弁護だった（弁護士が不適任だった、弁護活動が不適切だった）、裁判をやり直せという主張が上訴審や判決確定後のヘイビアスコーパス（人身保護請求）で出されることがある。

この不適切弁護論についての裁判所の判断は（元）被告人にかなり厳しい。まず、弁護人が若すぎる、高齢だ、未経験だ、アル中だ等の弁護人の属性や弁護活動の内容そのものでない周辺事実を理由とする主張は具体的な過誤や実害を伴うか司法の信頼性を破壊するような特別な事情でもない限り認められないとされる。たとえば、検察官が捜査に4年半を要し、数千に及ぶ書証と数百枚の小切手が関係する経済事犯で、刑事事件も陪審事件も扱ったことのない不動産専門若手弁護士が選任され、その準備期間はわずか25日であったという事案につき、連邦最高裁は、25日間という期間は必ずしも準備が不可能なほどに短いとは言えない、不動産専門ということは経済事犯にとってはむしろ有益だ、どんなベテラン弁護士も最初の事件は未経験状態だったとして（元）被告人の主張を排斥した。

次に、弁護活動の不十分性を理由とする主張については、2つの要件を満たす必要があるとされ、その要件充足がこれもまた非常に厳しい。その要件とは、不十分な弁護活動の存在と、結果が異なった可能性である。その2つはそれぞれ独立に判断されるべきで判断の順序についての要求はないとされる。従って、前者を判断するまでもなく後者の要件が満たされないとされて主張が認められないことが多い。次に見る殺人事件で、犯行の残忍性と圧倒的証拠力を理由に死刑判決を覆すような実害の存在は簡単に否定されている。

とはいえ、不十分弁護活動要件の充足も簡単ではない。裁判所は、憲法上認められる弁護人の独立性を尊重し、弁護人の裁量を非常に広く認め、後付けの評価を避けようとするからである。要するに、有罪判決（あるいは重罰判決）の後で弁護人があれをしなかった、これをしたと後から批判することは、弁護人の独立した広い裁量権の下での戦略を否定することになり許されないということである。例を見てみよう。3つの一級殺人などで起訴された被告人は弁護人の勧めを無視して有罪答弁をし、陪審裁判を受ける権利を放棄した。残る問題は、終身刑か死刑かということである。弁護人は、情状立証のための準備期間を得るための公判期日の延期を申し立てず、精神医学専門証人報告書の提出を求めず、被告人の妻や母親との面会を一度拒否されるとそれ以上の接触を図らず、性格立証のための証人を求めず、情状調査資料を取得しようとせず、医学専門証人に対する反対尋問をせず、精神医学鑑定を求めず、被告人の生育環境に関する証拠を提出せず、中心的戦略として有罪答弁の際の被告人と裁判官の会話（被告人は自分の生育環境や犯行時の精神状態等の背景を説明し、犯行を認め、犯した罪の責任を取ると言い、裁判官は、進んで罪を認めその責任を取る覚悟を表明することは大変すばらしいことだと言った。）及び当該裁判官の評判（量刑に当たって、被告人が自己の罪責を受け入れることを重視するという評判）に頼ることとした。

これにつき、連邦最高裁は、被告人の自白内容及びその他の証拠により犯行の残忍性は際立っており医証に対する反証や元被告人の性格、犯行時の精神状態の立証により死刑を回避することは困難であり、むしろ不利な結果が生じうるとの弁護人の評価・判断は弁護人の裁量の範囲内であり、前述した弁護人の中心的戦略には合理性があるとした。

こうして不適切弁護を理由とする上訴等は殆ど認められないが、これが認められた連邦最高裁の判決がある。ひとつは、強姦事件において令状なし捜索で犯行現場とされる元被告人の部屋から押収されたベッドシーツが証拠提出されたところ、弁護人が公判前ディスカバリーの申立をしなかったためそのような違法捜索の存在を知らず、公判においてそのベッドシーツの証拠排除を申し立てたが時機に遅れているという理由でその申立てが棄却されたというものである。これが不適切弁護に当たるとして元被告人の人身保護請求が認容されたのである。

もう一つは、殺人等の罪で起訴され死刑判決を受けた元被告人の前科に関する記録につき、その存在及び検察官がこれを使用することを知っていた弁護人がその入手が容易であるにもかかわらず入手、精査を怠ったというもので、これも不適切弁護とされ人身保護請求が認められたというものである。

こうしてみると、弁護人が知ろうと思えば知りえた、あるいは入手しようと思えば取得しえた証拠や情報にアクセスする努力を怠った場合は、裁量に基づく戦略以前の問題として不適切弁護の烙印を押されそうである。もし、日本でアメリカ流のディスカバリー制度が導入されると、刑事弁護人の武器は飛躍的に強化される可能性もあるが、他面で弁護人が厳しく指弾されるケースも多発するのではないだろうか。

冒頭の高裁判決に戻ろう。

判決文に接してないので新聞記事だけに頼らざるを得ないが、裁判所は、調書の中に罪体や情状に関し弁護人が利用できる要素があったとの弁護人の判断等、弁護人の裁量の範囲に属しうる事項につき配慮したのであろうか。弁護人の弁護活動を監督するというような意識はなかったであろうか。

また、破棄判決となったのであるから判決影響明白性（刑訴法379条）が認定されたことになろうが、不適切弁護との関係はどのようにとらえられているのであろうか。

「司法改革」以来、弁護士の不祥事や不適切弁護の話題が取り上げられることが目立つようになったように思う。アメリカの不適切弁護論との比較も新たな視点として意義があるのではなかろうか。

閑話7 「被告」と「被告人」

「秘密交通権」が分かりにくい言葉だと言った。そのような我が法律家業界でしか通じないような、あるいは、一般には理解しにくい言葉はたくさんある。その一例として「被告」

を見てみよう。

読者は、これは「被告人」と同じだと思うであろう。しかし、「被告」は民事事件での「原告」の相手方になる者で、「被告人」は刑事事件で検察官から訴えられたものである。

民事事件で「被告」となった人は、「自分は被告呼ばわりされてしまった」と怒ることが珍しくない。もちろん、刑事事件では無罪の推定が働くのであるから、「被告人」と同視されても理性的・理論的には怒る根拠とはならない。とはいえ、現実の社会の刑事事件のとらえ方は理論とは全く異なる。民事事件でも家事事件と同様に、「申立人」と「相手方」という呼称にできないものであろうか。

第5章　カリフォルニア州刑事ディスカバリー法

法律レベルのディスカバリー制度に入ろう。

カリフォルニア州においてディスカバリーが成文の法律で定められたのは1990年である。同州の刑事法典（Penal Code）1054条から1054条の10までがそれである。刑事ディスカバリー法（the Criminal Discovery Act）とされるものである（**巻末資料2**）。それまではディスカバリーはコモン・ローに依拠する判例とわずかばかりの制定法及び憲法的要請を根拠とし、裁判官の広い裁量権の下、被告人側の権利として広く認められてきていた。

この法律は当初は1054条の8までであったが、その後被害者保護等の観点からの改正がなされ現在に至っている。

閑話8　コモンロー、成文法、そして判例

ディスカバリー法を含むカリフォルニア州刑事法典は1条から34370条まである。ここには日本の刑法、刑事訴訟法のみならず日本で言えば少年法、銃刀法、行刑法（刑の執行関係に関する法律）、保護観察法、警察法などが含まれているのである。

ところで、前にアメリカは成文法の国ではなくコモンローの国だと述べた。しかし、実際にはこのように膨大な量の成文法を擁する。しかも、国を挙げて多くの学者や法律実務家が「リステイトメント」といって判例法からエキスを抽出して成文法のモデルを作ったりしている。

他方で、日本は成文法国とされるが、判例（及び学説）の蓄積を抜きには法律を語りえない。先ほど述べた殺人罪における「人」とは何かに関しても、これに関する最高裁判決に従って運用されているのである。あるアメリカのロースクール教授がコモンロー国におけるコモンローと成文法との関係につき、「コモンローはバケツに入った水であり、成文法はその中に入れられた石である。バケツの中身の本質は水であって石がこれを補っている」と説明するのを聞いたことがある。粗い言い方をすれば、水が一般法（たとえば民法のようなもの）で石が個別法（民法に対する借地借家法のようなもの）だということになろうか。

この例えでいうなら、日本では、「成文法はバケツの中の石、判例（及び学説）は石の隙間を埋める水だ」ということになろうか。2つの間に本質的に大きな相違があるのか、それとも説明の仕方の違いがある程度で両者間にそれほど大きな違いはないということになるのであろうか。この辺りは筆者の能力の限界を超える。専門家の教えを乞いたいところである。

さて、刑事ディスカバリー法の各条文を一瞥しよう。

1　ディスカバリー法制化の目的

本法制定まではディスカバリーは、コモンロー及びこれを補充する制定法により運用されていたが、本法制定によりこれを覆し、ディスカバリーは原則として本法が専属的に管轄することになった。そのことを明らかにするのが1054条（e）及び1054条の5（a）である。つまり、別に定める州法及び連邦憲法以外は、本法がディスカバリーを規定することになった。こうしてコモンローは制定法に置き換えられたのである。

そうすると、判例によって認められていたディスカバリーの運命やいかに、ということになる。いくつかの例を見てみよう。

ラッテンバーガー判決

本法制定と同じ年の１９９０年にカリフォルニア州最高裁の出したラッテンバーガー判決というものがある。修正４条は捜索差押令状の発布には「相当な理由」を裏付ける宣誓供述書等を必要とすると定める。その宣誓供述書は警察官作成のものが多いが、ときに情報提供者から得た情報をそこに記載する。

捜索差押令状の執行により自宅にて覚せい剤を発見され起訴された被告人ラッテンバーガーは予備審問（正式起訴の前の予審判事による起訴に値するだけの「相当な理由」があるかを見るスクリーニング手続）において、宣誓供述書に記載された供述内容は信用性に欠ける、従って、それに基づいて発見―差し押さえられた覚せい剤の証拠能力はない、起訴に値するだけの「相当な理由」はないと主張した。

このような主張を維持するには宣誓供述者が故意または重要な過失により虚偽供述を記載し、かつ、そのような記載が「相当な理由」の判断に必須であったことを疎明しなければならない。そこで被告人は情報提供者の危険薬物関与歴、犯罪前歴、警察からの約束や便宜供与の有無等に関する情報の開示を求めた。

予審判事がその申立を認めず、被告人は起訴されたので、予審判事による開示申立却下決定の適法性が争点となった。州最高裁は、情報提供者特定情報秘匿の必要性はあるが、被告人は宣誓供述書内供述の信用性を争う憲法上の権利がある、情報秘匿はイン・カメラ手続（本法1054条の7の説明を参照）を実施すれば守られるとして、被告人に軍配を上げた。こうして、判例法上、捜索差押令状に添付された宣誓供述書作成者に情報を与えた者に関する情報（警察との過去の関係、減刑約束、矛盾供述歴等）の開示申立権が確立された。ラッテンバーガー申立と呼ばれるものである。

ところが、その年に本法が成立し、判例法はディスカバリーの法源（権利・義務に関する法律上の根拠を「法源」という）としての一般的資格が剥奪された。そこで、ラッテンバーガー申立は権利として維持できるのかが問題となる。

本法成立当時はこれを否定する説もあったが、ラッテンバーガー申立権は連邦憲法またはカリフォルニア州憲法上の適正手続きの保障の内容とするか、裁判所の手続き主催者としての本来的権限の反映とするかの説の違いはあるものの肯定説が主流となり、現在もディスカバリーの一内容として維持されている。

なお、裁判所は被告人側の開示申立てに理由ありと判断しても、法令上、検察官に情報提供者特定情報の直接開示を命ずることはできないとされているので、検察官に情報開示か当該捜索・差押えにより取得した証拠の排除を受け入れるかを選択させることになる。ただし、当該情報提供者の情報がなくても捜索差押えの要件とされる相当の理由・嫌疑があると判断される場合、裁判所は検察官にそのような選択を求める決定はできないとされる。また、捜査機関に匿名を条件に情報を提供した者が被告人に有利かつ重要な情報を有しているとの合理的可能性を被告人側が一応証明した場合も、検察官はその情報提供者の特定情報を明らかにするか訴訟却下されるかの選択を迫られることになる。

なお、ここでいう情報提供者とは捜査機関に秘密裏に情報を提供した者のことで、被告人の同房者が法廷で、「被告人は拘置所で私と一緒にいるとき本件について自分がやったと自慢していました」と証言するような場合の情報提供者を含まない。このような証言は多くの冤罪の原因とされるところであるが、このような者に関する情報は、ブレイディ・ルール、本法1054条の1（a）及び（f）、また争いはあるが同（e）によって開示対象となるのである。

マージア申立

本法成立前に判例法として確立し、それが憲法上の権利であることから現在に至るまで有効に機能しているものとして、さらに、マージア申立がある。

事案は、6人の労働組合員が私有地内での無免許運転や無謀運転などで起訴されたところ、被告人らは、この起訴は労働組合員であることを理由に組合員を差別的、狙い撃ち的になされたものである、従ってこの主張に関連のある資料を開示せよと申し立てたところ、裁判所がこれを却下した、というものである。

この却下の当否が州最高裁で争われ、最高裁は、差別的、狙い撃ち的起訴は連邦憲法及び州憲法の法の前の平等原則に反する、差別的、狙い撃ち的起訴の主張は被告人の正当な防御手段となる、従ってそのための開示請求は認められるべきだとした。なお、マージア申立を基礎づける差別的起訴は、上記の事案のような被告人の属性による差別的起訴のほかに、報復的動機による起訴も含まれるとされる（ただしその憲法上の根拠は平等原則違反ではなく適正手続き違反である）。

以上のほかに前述したブレイディ・ルールも、憲法上の請求権として開示申立てが認められるもののひとつである。

ピッチェス申立

判例上確立し、その後、立法的措置が取られた例として、「ピッチェス申立」というものがある。後に触れるが、本法1054条の6は法律による開示義務免除を規定する。その免除の対象の一つに警察官個人情報がある（刑法典832条の5、7、8）。

1972年、被告人は4人の保安官に対する暴行で起訴された。そこで被告人は、これは保安官の過剰な有形力行使に対する正当防衛であると主張し、保安官の暴力傾向を証明するために、警察署内に所在する当該保安官に対する市民からの苦情に関する調査記録の開示を求めた。公判裁判所がその申立を認めたのでピッチェス保安官がこれを争い、州最高裁まで行った。

最高裁はこれに対して、警察官個人情報を開示しない州政府の利益は認めるが、被告人の防御に実質的に重要性のある情報は適正手続きの保障の観点からも尊重されなければならないとして、ピッチェス保安官の異議申し立てを却下した。1974年のことである。

さて、これが本法制定によってどうなったか。実は本法制定前に、本判決を実質的に取り入れた法律が制定されたのである。カリフォルニア州証拠法1043条ないし1047条がそれである。本法1054条（e）の「他の州法」に当たる。こうしてピッチェス申立は生き残り、警察官の有形力過剰行使、人種・宗教的偏見、情報操作、証拠埋め込み等に関する個人情報の開示請求が認められているのである。ただし、正確を期して述べると、これは「検察官チーム」からの情報取得に限られないので、その場合には当事者間の証拠開示ではなく、もともと本ディスカバリー法の対象となる問題ではない。

検察官側への厳しい開示義務

本法1054条はさらにディスカバリーの目的を明らかにする。それは、真実発見、時間の浪費の回避、被害者・証人保護である。そこで、可能な限り双方の証拠・情報を事前に交換しておき、公判での不意打ちとこれに伴う手続きの遅れを防止しようということになる。ペリー・メイスン（アメリカの刑事法廷を舞台とする推理小説がテレビドラマ化されたもの）的劇場型法廷の拒否というわけである。ここでは被告人の権利保障が規定されていない。また、被告人側に比して圧倒的な証拠・情報収集力がある検察との間で武器対等に近づけようとの目的も記載されていない（なお、ABA基準11.11（a）（ii）は、「被告人に罪状認否をするに必要かつ十分な情報を提供」することをディスカバリーの目的の一つとして掲げる）。

従って、原則として検察ばかりでなく被告人側も証拠等開示義務を負うことになる。本法1054条の3がこれを定める。これが前に触れた相互主義と呼ばれるものであり、立法過程での検察側の強い要求が通ったものである。もちろん、本法の上記目的を肯定しうるとしても、前に触れたように憲法的制約からは逃れられず、また、検察の正義実現という任務・役割とその大きな証拠・情報収集力という観点からも、検察官には被告人側に対してよりも厳しい開示義務が課されてはいる。具体的には次の①から⑥である。

①1054条の1が検察官の開示義務を、1054条の3が被告人側の開示義務を定める。そして、1054条の1では検察官側証人の名前、住所、供述書面等の開示を定め、1054条の3も同様の定めをするが、対象証人から被告人を除外している。

ところで、両条は召喚予定証人についての開示義務を定めるが、召喚予定の有無をどのように判断するかで説が分かれる。ひとつは、検察官及び被告人側のそれぞれの主観（「召喚しようと思っている」か否か）によるとするもので、他方は、客観的に（「合理的な法律家としては召喚する意図を有するはず」か否か）判断しようというものである。これにつき、被告人側は最後の最後まで自己の証人に関する言及をしない権利を有する、検察官には客観説が当てはまるとしても、被告人側には主観説が適用されるべきだとする考え方も提示されている。この考え方も検察と被告人の間での開示義務に軽重を付けようとするものと言えよう。この点に関し、ABA基準11.2.2（a）（i）は、検察側証人に対する弾劾証人につき、被告人側は検察側証人の証言終了まで開示しないことができると規定する。

なお、1054条の3（b）（1）は被告人に対し検察官選定専門家の精神鑑定を受ける義務を課している。この義務は実務上長い間肯定的に解釈され、運用されていたところ、2008年にカリフォルニア州最高裁がこれを否定するに及び、1054.3（b）（1）を新たに制定し、立法的に解決したものである。ただし、この義務は被告人側が手続きのいずれかの段階で被告人の精神状態を争点として主張しようとする場合に限り課されるものである。

この関係で、被告人から血液、呼気、尿、筆跡、毛髪、指紋等の非供述証拠採取等、被告人の身体の尊厳にかかわる捜査機関の情報収集が問題となる。これは修正4条が定めるところで、相当な理由に基づき裁判所より発せられる令状が必要とされる。この点につき、カリフォルニア州最高裁は、人体といえどもそこに証拠が存在する限り不可侵というわけにはいかず、修正4条による制限下での証拠採取は認められるとする。そして、相当の理由に加えて、採取のための手法の信頼性、問題となる犯罪の重大性と社会的利益、証拠の存在の確からしさ、求められている証拠の重要性、より侵襲的でない他の方法の存否を総合考慮して令状発布の適否を決めるべきだとしている。また、このような証拠採取規制は被告人以外の者から採取するときにも適用される。

このように、血液採取等は通常ディスカバリーと大きく異なる特徴を有し、それに特有の規制を受けるものであるから、本法はこれをその対象としないことにしている。1054条の4が、検察や警察が被告人から血液、呼気、尿、筆跡、毛髪、指紋等の非供述証拠を採取することは本法によって制限されるものではないとしているのもその趣旨である。
②1054条の1では検察官が所持するもののほか捜査機関の所持するものも含むとされるところ、1054条の3は弁護人及び被告人の所持するものに限る。

③１０５４条の１は捜査において取得された物証の開示を定めるが、１０５４条の３は公判に顕出予定の物証に限る。

④前述したように、相互主義に関する規定が明確でないときは、裁判所は被告人側に有利に解釈すべきものとされる。例えば、１０５４条の１は捜査において「取得」された証拠を開示対象とするが、検察官が公判用に「作成」した証拠（１０５４条の６に言うところの「職務成果」を除く）も開示対象に含むと解釈される。また、被告人側が喚問予定証人を開示したときは検察官はそれにたいする反証証人を開示すべきものとされる。

⑤ディスカバリー制度によって被告人側から得られた証拠またはそこから導かれた他の証拠を検察の立証（罪体、量刑を含めて）の道具とすることは、自己負罪拒否特権を侵害するとして禁止される。そのような利用はディスカバリー制度の目的（真実発見と訴訟遅延防止）を越えて検察の立証負担の軽減となってしまうからである。「逆ブレイディ」は否定されるのである。判例はさらに、有罪に結びつくような証拠を導く証拠・情報の開示を強制することは憲法に反するという。

⑥弁護人・被告人間の秘密交通権については既に述べた。

相互主義の合憲性

上記のような配慮をすれば憲法に反することはないのか。
一般論として被告人側の開示義務の憲法適合性については前に触れたが、相互主義を導入した本法制定の1年後の1991年にカリフォルニア州最高裁は左記のように述べて、被告人に開示義務を課すことは自己負罪拒否特権を害するものだとのこれまでの見解を覆し、相互主義は自己負罪拒否特権、デュープロセス及び弁護人の効果的弁護を受ける権利を侵害するとの被告人側の主張を排斥した。

記

自己負罪拒否特権につき、被告人側が召喚予定の証人の名と住所、供述記録を公判前に検察官に開示すべきものと定めても、それは公判で明らかにする予定だったものに関し、それより早くその開示を求めるに過ぎず、被告人に自己に不利な供述を強制するものではない。

デュープロセス条項につき、被告人側に開示義務を負わせながら検察にその義務を課さないのはデュープロセス条項に反するとされてきたのであり、検察に開示義務を負わせたうえで被告人側にその義務を課すのはデュープロセス違反とはならない。（なお、後に述べる連邦規則16条も相互主義を採用する。それは1975年の改正で導入されたのであるが、その時も被告人の憲法上の権利侵害とならないかが議論され、立法者はここで述べたような理由でこれを合憲と判断した。）

弁護人の効果的弁護を受ける権利についても、弁護人が活発に活動すればするほど被告人側の開示範囲が広がり被告人に不利になるとの主張は、被告人側に不利な証人やその供述記録の開示まで求めるものではないから当たらない。

こうして、ディスカバリーにおける相互主義は合憲とされ、被告人側も一定の開示義務を負うことになった。

相互主義下における被告人の防衛戦略

しかし、それは、刑事事件においては検察が立証責任を負うこと、従って、被告人側は検察の立証を待ってその糾弾をして合理的疑いをもたらせばよいとされることから疑問なしとしない。実践的にも、弁護人は自己の手持ち証拠を秘して隠し玉にしておいて検察側証人に好きなように語らせ、反対尋問でこの隠し玉を示して虚偽証言を暴くという方法が効果的であるが、相互主義によってこれがなしえなくなれば、被告人の権利も真実の発見も害されかねないと考える。

なお、先に述べたようにＡＢＡ基準11.２.２（ａ）（ｉ）は、検察側証人に対する弾劾用証人については、検察側証人の証言が終わるまで明かさないことができるとしている。

カリフォルニア州のディスカバリーに詳しいある刑事弁護人も、このような弊害を防止し、自己の防御戦略を効果的に遂行するために、以下のような方策を提案するのである。いささか技術的に過ぎる内容ではあるが、ここに紹介する。

①最終報告書がある場合は専門家証人の生のノートと下書きは原則として対象外である。従って、生のノートや下書きの開示を回避するために専門家には最終報告書を作成しておいてもらうよう努める。また、その報告書には余計なことを記載せず骨川筋衛門的なものが望ましい。また、１０５４条の３は被告人の供述を開示対象から除外しているので、被告人の専門家に対する供述部分も開示しない。
②何が書いてあるか不明な文書を後述のサピーナで取得することは、それが自己に不利な情報を含んでいた場合、検察官からの開示請求の対象になってしまうこともあるので慎重になるべきだ。
③反対尋問に使用予定の物証も開示の対象となるが、事前に検察側証人から得られた情報

や供述は、それ自体は物証ではない。従って、仮にその録音テープがあるとしても、それを示さずにそこに記録されている内容を引用して利用するなら録音テープの開示義務を免れる。従って、反対尋問において録音テープの使用を避けることも考慮すべきだ。

④弁護人は戦略上の必要性がある場合を除いて、法によって定められる以上のものを開示しないように注意する。例えば、検察官が召喚する可能性のある証人については弁護人はこれを召喚予定せず、これに関する情報等を開示する義務を負うことを避ける。また、前記主観説によれば、検察側証人が矛盾供述を否定したりしない等のために弾劾・反論証人を出廷させる必要なしと善意で考えればこれに関する開示をする必要がないことになるので、検察側証人の矛盾供述否定をあえて予想しないようにして、従って弾劾・反論証人の召喚予定なしと判断してこれに関する開示を避ける。

⑤情状証拠は裁判所の裁量で罪体審理終了までその開示を延期することができるので、自己負罪拒否特権、秘密交通権、効果的弁護、デュープロセス、職務成果特権を援用し、これが罪体審理に影響あることを主張して、開示延期を求める。

⑥証人から事情聴取したときのメモも開示の対象であるから、注意を要する。なお、警察がメモを破棄した事案で高等裁判所は、ノートは正式報告書作成のためのものだったこと、当該部門の規則に従った破棄だったこと、及び、悪意はなかったことの3つを認定して10

54条の1を侵害したことにはならないと判断した。「相互主義」を利用して、弁護人も上記3要件を考慮して事情聴取ノートの保存ないし破棄を選択すべきことになる。

さらにメモに弁護人の印象、結論、意見、法的調査、法理論、戦略等が記載されているときは、裁判所に職務成果の秘密特権を申し立てるべきである（裁判所は必要であればイン・カメラ手続きを経て開示の可否を決めることになる。このことを明らかにしたカリフォルニア最高裁の決定は民事事件についてのものであるが、刑事事件にも適用ありと解釈される）。⑦1054条の3によって開示が求められる証人の供述書面は主尋問に関係することに限られるので、証人供述調書作成に当たっては、検察官に余計な情報を与えないために、主題別に複数の書面とする工夫が考えられる。

なお、1054条が定めるディスカバリーの目的からすると、被告人側の主張（言い分）も早期に明らかにしておくべきだとの要請が現れる。多くの州で責任無能力に関し開示義務を定め、またアリバイ主張の開示義務を規定する州もある。カリフォルニア州は責任無能力による無罪の主張をするのであれば、公判前の訴状に対する答弁手続段階でこれをなすべきことを定めるが、アリバイに関する通知・開示義務は定めていない。アリバイ主張の開示義務につきその合憲性を認めた連邦最高裁判決には反対意見が付されており、それは、検察の主張立証後でないと被告人側の主張立証が功を奏さないことがあり、また、これを認めると被告人側の主張関連開示義務の範囲はアリバイに限らず広がる危険があると指摘している。

日本でも、弁護人が自己の主張に関連する証拠（主張関連証拠）について検察官に開示を求めることができる制度が導入されたが、弁護人はまずはその主張を明らかにしなければならないものとされたことは前述したとおりである。

2　ブレイディ・ルールと開示義務規定の関係

先にも述べたが1054条の1は検察官の開示義務を規定する。そして、開示義務の対象を列挙している。そのうち、（e）はブレイディ・ルールを条文に取り入れたものである。ただし、ここでは、「重要性」は要件とされていないので、ブレイディ・ルールよりも開示対象は広い。また、既に記したように、ブレイディ・ルールでは被告人側が容易に入手可能な証拠は対象外となるが、本条ではそのような制限がない。検察官は被告人側の入手可能性を問わずに該当証拠を開示しなければならない。

他方、ブレイディ・ルールでは「検察チーム」が知っているか（第三者所持を含む）所持している証拠を含むが、ここでは検察官所持証拠か検察官が捜査機関所持を知っている証拠に限る。その意味で、本条の方が対象が狭い。弾劾証拠につき、前述したとおりブレイディ・ルールではこれが開示対象に含まれるとされるが、本条では明文上は明らかでない。しかし、多数の判例はこれを含むとしている。

開示義務違反となる時期に関しても差異がある。ブレイディ・ルールによる開示は、その開示が被告人に有用である間になされれば不開示の責を負わないとされるが、本法による開示は原則として公判前30日までになされるべきものとされる（1054条の7）。

全面開示政策（オープン・ファイル・ポリシー）

ところで、開示の対象は本条に列挙されたもの並びに州法及び合衆国憲法に定めるもので足るのか、ブレイディの要件を満たさない証人に関する情報、警察の捜査報告書、情状証拠を開示対象としないのは適切か、また、対象該当性の第1次的判断を検察官に任せてよいのか、が問題とされる。

被告人側にとってみれば、開示されるべきものが本当に開示されているのかとの疑いを持つことになる。現に、筆者が面談した弁護人の多くは、検察官が証拠隠しをすることを断言した。この点は、サンタクレラ大学ロー・スクールの「北カリフォルニア冤罪救済事業（イノセント・プロジェクト）」の研究（２０１０年）で、検察官の不当行為の中でもブレイディ・ルール違反が最も頻繁にみられるところであるとしている（後に詳述する）。

また、２０１２年2月26日付ニューヨーク・タイムズ紙は、非常にしばしばブレイディ・ルール違反が生じていると報じている。他方で、検察官にとってみても、全ての証拠や情報を、しかも、警察所持分も含めて精査しなければならないのは煩に堪えない。裁判所にとっても、第一次的には当事者間で処理することにはなっているが（本法１０５４条（b）、１０５４条の５（b））、当事者間の見解の相違をそのたびに裁判所に持ってこられては、これまた煩に堪えない。

また、本条はブレイディ・ルールと同様、被告人側の請求を要件としていない。しかし、被告人側の要求があった場合となかった場合では、裁判所による開示義務違反の認定及びそれに対する効果（救済、制裁）の程度が異なりうるので、被告人側としては勢い、多くの個別項目を挙げて開示を求める傾向がある。結果として、裁判所及び当事者が大きなエネルギーを費やさなければならなくなるとも言われる。

他方で、民事訴訟では当事者に極めて広範囲の開示請求権が認められているところ、当事者間の捜査能力・証拠収集能力に大きな差があり、かつ、ときに当事者の一方である被告人の自由と命が奪われることになる刑事事件の方が開示請求権が狭いというのは、不合理であるだけでなく正義に反するのではないかとの問題提起もされる（これに対しては、被告人は修正5条の自己負罪拒否特権により自己に不利な証拠の提出を拒否できるのだから、開示を求める権利も制限されて当然だとの反論が主張される)。こうして、開示対象を拡大すべきだとの主張が法律実務家や学者から出されることになる。

そのような中で注目されるのが、全面開示政策(オープン・ファイル・ポリシー)である。連邦最高裁は憲法上、検察官による全面開示は求められていないとするが、ノースカロライナ州を始めいくつかの州で全面開示義務を定める法律が制定され、法定はされていない法域でも検察官が自主的に全面開示している場合もある。ノースカロライナ州では死刑判決を受けた者にその判決を争うための証拠全面開示を認める法律を制定したところ、数年の間に5つの誤判が見つかり、この事態を受けて全ての重罪被告人に全面開示を認める法律を制定したのである。全面開示政策(オープン・ファイル・ポリシー)が具体的どのようなものかを見るために同州の法律の和訳を資料として添付する(**巻末資料4**)。

もっとも、全面開示政策が悪用されることもある。つまり、検察官が膨大な量(デジタルデータの場合は、「データ・ダンプ」と呼ばれる)の証拠や情報を提供し、肝心の証拠や情報をその中に埋もれさせ、発見しづらくすることである。ブレイディ・ルールに関してであるが、検察官が悪意でこのようなことをすればブレイディ違反となるとする連邦裁判所の判断が示されている。

また、提供する証拠や情報が膨大な量である場合に、検察官は被告人側がその中から有益なものを選り分けやすくするように協力をすべきかという問題もある。カリフォルニア裁判所は未だこの問題に直面していないが、連邦下級審裁判所はどちらかというと、検察には膨大な量の資料をふるいにかける義務なしとの立場を取っている。この点に関し、ABA検察基準3.5.4（c）は、検察官に必要以上の資料を開示することを禁じ、多量情報提供の場合は必要情報を特定することを求めている。

また、検察官には「職務熱心のあまり」、ときに開示に抑制的になろうとする傾向がある。そのため、資料・情報をあえて「ファイル」に含ませないとか、職務成果、証人保護とかの理由を付けて開示対象から外すということもありうる。このことから、オープン・ファイル・ポリシーが問題の根本的解決になるかに強い疑問が呈されることもある。

日本でもいくつかの冤罪事件で検察が重要証拠を隠していたことが明らかにされている。有罪を信じ、あるいは有罪を盲目的に求める検察官の主観に依存しない何らかの制度的保障、開示義務の実効性確保措置が工夫されなければならない。

3　証人・被害者への接触制限

1054条の2は証人・被害者保護のため、開示を受けた弁護人が証人・被害者の住所と電話番号を被告人とその家族へ教えることを禁止し、弁護人がいない被告人に対しては証人・被害者への接触を制限する規定である。

4　開示請求の手順と開示義務違反への制裁ないし救済

1054条の5は先に述べたように、本法が刑事ディスカバリーを専属的に管轄することを定めるが、さらに開示請求の手順と開示義務違反に対する制裁ないし救済を定める。手順としては、まず非公式に相手方に請求することを求める。いちいちすべての開示事件につき裁判所が関与することは裁判所にとって負担が大きすぎるし、手続きが重くなって時間がかかりすぎ制度の目的に反してしまうので、当事者間で処理することを第一段階、そして原則としたのである。

開示義務違反に対する制裁として、同条は即座の開示命令、法廷侮辱手続開始、証人の証言または証拠の顕出の延期または禁止、期日の延期、陪審員への教示、訴えの却下を例示する。その他として、制裁金の賦課、本人（被告人）訴訟の禁止、証拠調べ順序の変更、訴訟の打ち切り、上訴審での有罪判決破棄がある。

ただし、証拠排除は開示義務違反が故意になされ、かつ、相手方に実害が生じたような場合で、他の救済手段が尽きたときに限る（証人については本条（c）参照）。

また、修正6条の証人喚問権に反してはならない。前述した相互主義の関係上、被告人側にも開示義務が発生するので、被告人側がこの義務に反したとき、被告人側が請求した証人を義務違反を理由に排除できるかということが問題になった事例がある。連邦最高裁は、修正6条の証人喚問権も絶対的な権利ではない、それは不合理な権利行使まで認めるものではない、弁護人が意図的に証人を隠し、この弁護人は他事件で何度も同じようなことをしていたのであるから、ここで証人申請却下をしなければ効果的な対策とならない、として証人申請却下を肯定した。これに対しては反対意見が付き、それは、弁護人の行為につき被告人に責任を課すのは筋違いだ、抑制効果を言うのであればむしろこの弁護人に不利益処分を課す方が効果的だ、最高裁判事の多くは検察官の開示義務違反が問題になる他事件では証拠排除法則の適用につき訴訟経済コストを問題にして消極的であるのに本件では経済コストを問題にしないのは妙だとした。

また、訴訟打ち切りは　陪審員への教示等では実害回復が困難なときに限られる。

さらに、訴えの却下については、連邦憲法がこれを求めている場合に限る（本条（c））。これに該当するのはブレイディ・ルール違反に限られよう。なお、訴訟法違反はそれが判決に影響しない場合は原審判決破棄または訴えの却下の原因とならないが、ブレイディ・ルールは判決の結果に影響する重要な証拠の開示に関するルールであるから、その違反は常に破棄または却下の対象となる。

5　開示義務の免除

1054条の6は開示義務から免除される場合を規定する。職務成果、州法ないし連邦憲法により認められる秘密特権である。

このうち、「職務成果」とは、争訟手続きを予定して法律家（検察官や弁護人）が職務上作成した見解、結論、意見、法理論等をいう。

連邦憲法により認められる秘匿特権としては、身体の不可侵、自己負罪拒否特権、弁護人を付ける権利等に関するものがある。

州法により認められる秘匿特権には様々なものがある。被害者特定情報、情報提供者情報、警察官個人情報（これには、経歴、身上、住所、警察官としての職歴、給与等のプライバシー情報と市民からの苦情やそれらに対する調査等の公務情報が含まれ、その開示請求は別に定める法の定めるところによりなされるものとされる）、医療関係情報、薬物使用情報、逮捕歴情報等である。

なお、ディスカバリーの開示請求権と秘匿特権が衝突したときに、どちらが優先されるかの問題がある。本条はその立法的解決を示したものである。

ところで、すでに述べたようにアメリカは相当程度の独立性を有する州から成る連邦国家であり、各州は自前の憲法と法律を擁し、連邦にも憲法と法律が存在する。そうすると、管轄を有する事項につきその相互に矛盾・衝突が生じた場合その優劣が問題となる。これについては法のヒエラルキー（階層）ということで説明される。

つまり、第1に、連邦憲法は連邦法、州憲法及び州法に優先する。第2に、連邦法は州憲法及び州法に優先する。第1及び第2は連邦憲法6条の定めるところで、この規定は「最高法規性条項」と呼ばれる。第3に、州憲法は州法に優先する。第4に、同一レベルの法の場合は、立法者意思に従って優先度が決まる。その立法者意思は法に明示されることもあるが、それがないときは裁判所の解釈によることになる。

いまここで、本法1054条の6を振り返ってみよう。まず、連邦憲法により秘匿特権が与えられている証拠や情報は、州法である本法によって覆されることがないのは、最高法規性条項によって当然のことであり、本条を待つまでもないことになる。職務成果その他の州法により定められる秘匿特権は本条により、つまり、上記第4の明示された立法者意思により、ディスカバリーより優先されることになる。

しかし、本条は、(i)連邦憲法による開示請求権と連邦憲法上の秘匿特権が対立する場合、例えば、A事件の弁護士と依頼者の秘密交通権とB事件のデュープロセスの要請とが衝突するとき、及び、(ii)連邦憲法による開示請求権と州法及び州憲法により認められる秘匿特権対立する場合、例えば、ブレイディ・ルールと検察官の職務成果の対立、に触れるところではない。

(i)については、連邦憲法上、明示の規定がないので、立法者意思、つまり憲法解釈により裁判所が判断することになる。上記の例では、カリフォルニア州最高裁はA事件の秘密交通権に軍配を上げた。

(ii)については前記第1の考え方により、開示請求権が認められることになる。先にあげた例では、ブレイディ・ルールが優先し、検察官はその職務成果を開示する義務を負うことになる。もっとも、ブレイディ・ルールの対象は主に証拠・事実であり、職務成果は主に意見、印象、学説が中心であるから、両者が重なることは多くないのであるが。

6　非公開審理の目的

１０５４条の７は、開示時期と、開示拒否請求または制限請求のあったときの手続きを定める。開示は原則として公判前30日とするが、これは遅くとも30日前ということであり、その前の開示を請求することができるし、相手方が請求後15日以内にこれに応じない場合は、本条で定める30日以上前でも裁判所に開示命令を申し立てることができる（１０５４条の５（b））。

イン・カメラ手続

本条後半は、いわゆるイン・カメラ手続を定める。ここでいう「カメラ」とは裁判官室のことで、要するに公開法廷ではなく裁判官室で非公開審理することを意味する。

証拠や情報を公にすべきかを審理するときに、これを公開法廷で検討すれば、そのことによって公になってしまう。だからといって、裁判官がその証拠や情報を見ないで秘密にすべきか公開にすべきかを判断することは非常に困難なことがある。そこで、非公開で裁判官がこれを見て判断できるようにしようというのがこの手続きである。日本でも民事訴訟法や特許法等で導入されているところである。なお、証拠排除手続き（証拠能力の有無を判断する手続き）でも、イン・カメラ手続が採用されたり、あるいは、陪審員を別室に退室させ裁判官と当事者のやり取りを聞かせない方法がとられる。これは、陪審員裁判では事実認定者（陪審員）と手続主催者・進行役（裁判官）が区別されており、事実認定者の目に証拠能力のない証拠を触れさせないことを目的とし、かつ、手続進行役がこれを見ても事実認定には直接影響しないという考え方の下になされた工夫である。例えば、令状なしで被告人から強制的に採取された尿から覚せい剤が検出されたとき、これは違法収集証拠として証拠能力なしとされるが、もし裁判官と当事者が陪審員の前でその証拠能力の有無を議論すれば、あとからそれは証拠能力なしと判断され、裁判官から、「先ほどの証拠は罪状認定の判断資料としないでください」と教示されても、有罪の確たる証拠の存在を知った陪審員としてはこれを無罪とすることには著しく強い抵抗感を覚えるであろう。これはそのような事態を避け、手続を公平に進行させようというものである。

とはいえ、証拠能力のない証拠を目にした裁判官はその後の訴訟指揮に間接的な影響を受け（陪審員に対する証拠排除の教示にあいまいさを残す、被告人側に対する口調・態度が変わる等）、これが陪審員の心理に微妙な影響をもたらすとの実験結果が報告されているのではあるが。

この点、日本では裁判官裁判が基本であり、その裁判官が自ら問題の証拠を見て証拠能力の有無を判断し、証拠能力なしとの結論を出した後も自分で有罪・無罪を判断するのである。先ほどの確たる証拠である尿からの覚せい剤検出という証拠を頭の中らか排除して判断を下すことになる。果たしてそんなことが可能であろうか。被告人が有罪であることを知りながら無罪判決を書けるであろうか。最高裁はこれに対し、日本の裁判官の優秀な資質がこれを保証するとした。疑問なしとしない。この点は裁判員裁判（6人の素人裁判員とプロの3人の裁判官が事実認定をする）でも、少なくとも3人の職業裁判官は問題の証拠を直接目にするので、同様のことがいえる。

なお、有罪の確たる証拠があるのに無罪にしなければならないことこそが正義に反するとの見解もあり得よう。

この点につき、1961年の連邦最高裁判決は、1914年の憲法違反の行為により収集された証拠は証拠としてはならないとした判決は州にも適用されるとした判断の中で、証拠排除により仮に被告人が無罪となるとしても、憲法的価値の順守と司法の廉潔性確保がより重要だ、政府自体が法を無視することほど政府を迅速に破壊してしまうものはない、それは政府の存在価値の否定でもあるとした。もっともその後の連邦最高裁は、証拠排除の目的は違法捜査の抑制であるとし、その抑制機能と証拠排除による様々なマイナス要素（そこに真犯人の放免も含まれる）を比較考量して判断すべきだと変化し、証拠排除ルールの厳格度は緩くなってきてはいる。

日本においては、強制等による自白の証拠能力は憲法38条2項及び刑事訴訟法319条1項により否定され、違法収集証拠排除法則も判例上確立している。その根拠については学説上争いがあり、排除の範囲も各説に応じて異なりうるが、最高裁は「令状主義の精神を没却するような重大な違法があり、これを証拠として許容することが、将来における違法な捜査の抑制の見地からして相当でないと認められる場合においては、その証拠能力は否定される」と判示している。いずれの説や判例によるにせよ、真犯人が無罪放免されることがありうることを認めている。

本書冒頭に、法律には実体規定と手続規定があると書いた。同様に正義にも実体的正義と手続的正義がある。刑事事件の世界での実体的正義とは、例えば、人を殺した者は5年以上の懲役、無期懲役または死刑に処すというように、何が悪であるかを示し、それへの罰の範囲を明らかにする。これによって犯罪から人々を守り、または、法律に書いていないことをしたことによっては罰せられないと保障することによって国家権力から人々を守る。この実体的正義がなければ、いくら手続きを厳格にしても正義の実質は空疎となる。

これに対して、手続規定は法に定められた手続きによって被告人が罰せられることを規定して被告人の権利を守り、法に定められた手続きによってしか強制捜査の対象とならず、罰せられないことを保障して人々を国家権力の恣意的行使から守る。もし、この手続き規定がなければ、一度犯人と疑われた被疑者・被告人は容易に有罪とされてしまい、国家権力はほしいままに犯人を作り上げることも可能となるであろうし、権力の犯罪行為または犯罪的行為により人々を罰することにもなってしまう。また、実体的正義の実現の名のもとに人々の自由や権利が侵害されてしまう。その時、実体的正義も恣意にさらされ、その存在も危うくなろう。

こうして、実体的正義と手続的正義はお互いに支えあう面を有するが、他方で、前者を立てれば後者が立たず、後者を立てれば前者が立たずということもありうる。このとき、両者の調整とバランス、妥協は欠かせないものになる。真犯人の放免は、そのようなバランスの中で考慮すべきであって、一方的に手続的正義に譲歩を迫る理由としてはならないのである。自由と正義を守るための社会的コストという観点も必要であろう。

相手方抜き審理

イン・カメラ手続の目的は上に述べたとおりであるが、これと区別されなければならないのは相手方抜き審理（ex parteという）である。これは、開示拒否ないし制限を主張する側が、その相手方の在席しないイン・カメラ手続内で裁判官に問題の証拠や情報を提示し、裁判官がその主張の正当性の有無を判断するというものである。そして、１０５４条の７はこれについて触れるところではない。情報提供者保護のために相手方抜き審理を規定するカリフォルニア州の証拠法１０４２条のような定めがあれば別であるが、１０５４条の７を根拠としては認められないとするべきであろう。

明文の定めなくイン・カメラ手続を認める条文だけで相手方抜き審理を許すことは、修正6条の弁護人の援助を受ける権利や自己の主張を裁判官に展開する権利を内容とする適正手続きの保障規定（修正憲法４条及び同14条）にも反することになろう。現にカリフォルニア州最高裁も当事者主義の観点から相手方抜き審理には消極的で、証人を名前でなく番号で読んだり、被告人本人の在席を認めずに、かつ、相手方代理人に守秘義務を課し、審理の記録は封印する（本条は封印・保管を定める）など、他の手段では保護すべき情報を守ることができず、かつ、やむを得ない正当化事由がない限りこれを認めないとしている。なお、１９７５年の連邦規則16条改正時に、議会の司法委員会は、裁判所は相手方抜き審理の実施の可否を決するとき、相手方抜き審理は当事者主義にふさわしくないことを念頭に置くこととするとのコメントを発している。

ここでいう「当事者主義」とは、訴訟の当事者が互いに対立する立場から主張と立証を尽くし、その中から事実認定者が判断することが最も真実発見に近づけるし公平だという考え方である。違う方向から光を当てることによって物体を立体的に照らし出そうということである。相手方抜き審理はこの考え方と矛盾するものであり、例外的にしか認められないというべきものである。

これに対して、裁判の「公開主義」というのがある。これは、判断者の恣意的な判断を防ぐには裁判を国民に公開し、国民の目と批判に晒すことが必要だという、裁判の公正担保のための手段である。秘密裁判の拒否である。イン・カメラ手続はこの考え方と矛盾し、例外的に認められるべきものである。

先ほど、日本でもイン・カメラ手続が導入されていると述べた。しかし、日本のそれは条文上も運用上も裁判官室で裁判官のみが証拠に触れ、相手方にその証拠を検証する機会を与えないものとされている。

日本国憲法82条は裁判の公開原則を明示する。他方で、日本の最高裁は2009年1月15日の判決で、民事訴訟についてではあるが、当事者主義的運用が訴訟の基本原則であるとしている。そうであるならば、証拠調べの例外的手法についても、公開原則に対する例外と当事者主義に対する例外を分け、イン・カメラ手続の第一目的は公開原則に対する例外と位置付け、必要な手当て（たとえば、上記最高裁判決はイン・カメラ手続によると上訴審の審理に支障があると指摘するが、これも本条が定めるように、イン・カメラ手続による審理を逐語的に記録し、上訴審で利用できるような定めをするべきである）を施した上で、当事者（少なくともその代理人である職業法律家＝弁護士）を排除しない非公開審理を創出すべきではないだろうか。

なお、刑事事件については公開原則は憲法82条のほかに同37条1項にも明示されている。また、当事者主義については明文の定めがないが、憲法37条2項「刑事被告人は、すべての証人に対して審問する機会を充分に与えられ，又、公費で自己のために強制的手段により証人を求める権利を有する。」はこれを当然の前提としているものと読むべきであろう。

なお、本条及び1054条の6により、開示の拒否、制限または遅延をしようとする当事者の手法としては、①編集してその旨を相手方当事者に知らせる（この場合、相手方当事者は司法救済を求めることができる）、②裁判所の保護命令を得る、③裁判所の開示請求却下命令を得る、というものがある。単純に開示しないで黙っているというような自力救済的方法は許されない。

7　自己紹介義務

1054条の8は、開示された証人と面談するときの自己紹介義務等を定める。1054条の2もそうであるが、当事者が相手方申請証人（敵性証人）と公判前に面談することを前提としている。この点、日本では相手方の当事者による証人に対する事前面接の可否につき説が分かれている。

8　元被告人の証拠開示請求

1054条の9は有罪確定後のディスカバリーについて定める。

2011年、日系人弁護士ジェフ・アダチ（サンフランシスコ公設弁護事務所所長）が警察の違法捜査を暴いたことに端を発し、証拠捏造や法廷での偽証工作等数々の違法捜査が明らかになり、同弁護士のその後の調査により多くの誤判が白日の下に晒された。これに先立ちランパート・スキャンダル（1990年代後半、ロサンジェルス警察のギャング対策部隊所属警察官の多数が継続的・反復的に違法発砲、違法有形力行使、証拠捏造、でっち上げ、偽証、証拠隠匿、薬物取引、銀行強盗等の違法行為をしていたことが明らかになったもので、合衆国史上記録に残る警察不祥事）とこれに危機感を抱いた州議会は、捜査・訴追機関による違法・不当行為により有罪とされた元被告人救済のためいくつかの立法的解決を図った。その一つが１０５４条の９であり、死刑又は仮釈放無し終身刑判決を受けた受刑者の人身保護請求事件や有罪判決無効申立事件において、元被告人＝申立人に広い範囲の開示請求（公判で開示請求できたはずの全証拠の開示請求）を認めることにしたのである。

カリフォルニア最高裁は当初はこの条文の文言通りに広い範囲で開示請求権を認めたものの、その後、その態度を変更し、元被告人において開示請求にかかる特定証拠の存在を示す合理的根拠を示す必要があるとする判断を示すに至った。同判決にはこのような解釈は条文上の根拠を欠くとの少数意見が付された。

また、公判で被告人に隠された証拠の存在を示す根拠を得ること自体が困難であり、本条が絵に描いた餅になるとの批判がある。そして、先に述べたジェフ・アダチ弁護士の暴露・調査した警察の違法捜査と多数の冤罪事件である。州最高裁判決に対する前記批判と危惧が現実化したものと言えようか。

なお、連邦最高裁は有罪判決後にはブレイディ・ルールの適用を否定するが、カリフォルニア最高裁はこれを肯定するので、元被告人に有利かつ重要な証拠については法の定めを待つまでもなく検察官に開示義務があることになる。

9　子供ポルノ写真証拠の開示制限

1054条の10は子供ポルノ被害者の写真の開示制限を定める。もちろん被害の拡大・再生産の防止を目的とする。

第6章　第三者からの証拠収集

ここまでは当事者間の証拠・情報開示のシステムを見た。「ディスカバリー」を開示義務という観点から見れば、それは「発見（discovery）」というよりも「開示（disclosure）」である。本法の柱である１０５４条の１及び１０５４条の３は、いずれも各当事者の開示義務を定めるという形式をとっている。従って、この法律は当事者以外の第三者からの「発見」には触れていない。しかし、発見は相手方当事者からのものに限られないはずである。

1　「サピーナ」とは何か

日本でも第三者からの事情聴取や証拠収集は可能である。しかし、強制力を持った証拠収集は捜査機関側には広く認められているが、被告人・弁護人のそれは、「あらかじめ証拠を保全しておかなければその証拠を使用することが困難な事情があるとき」と、狭く制限されている。その手続きも必ず裁判官にその処分を求めるものとなっている（刑事訴訟法179条1項）。しかも実務上は、この規定による手続きが取られることは非常に少ない。

これに対しアメリカでは、カリフォルニア州を含めて、被告人側にも広い範囲の強制的証拠収集手続が用意されており、これが活発に利用されている。「サピーナ」と呼ばれるものである。ただし、強制的証拠収集手続はサピーナに限られるものではなく、サピーナによる収集が不可能ないし困難な場合には裁判所の提出命令を得るという手段もある。まず、この裁判所命令から見てみよう。

最も典型的なものは捜索・差押え令状である。これは捜査機関にのみ認められる。ただし、裁判所は被告人側のために令状に代えて証拠取得のための裁判所命令を出すことがある。先に述べたピッチェス申立も、検察チーム外の州政府から情報取得するときはこれに当たる。

そのほかに被告人側が求める裁判所命令の対象となるものに、大陪審審議録や医療記録の提出、証人の証言能力評価を目的とする精神鑑定受診、州外居住者の公判外証言録取、陪審員候補者が地域の性・人種等による階層別人口比を正しく反映していないことを証明するための裁判所陪審員担当責任者からの資料提出、私人宅内または財産の調査受忍がある。このうち公判外証言録取は、民事裁判ではディスカバリーの一つとして非常に広く用いられるものであり、刑事裁判では被告人側にのみ認められる。

閑話9　陪審制度と裁判員制度

先に、アメリカでは「同輩による裁判」を保障するために陪審員裁判を受ける権利を憲法に定めたと言った。その憲法を定めたときは東部13州からなる国であり、「同輩」というのも白人男性を意味するに過ぎなかった。当時すでに存在した黒人奴隷はこれに含まれていなかった。その後、1865年の黒人解放と修正憲法13条ないし15条により形式的な平等は保障されたが、法的場面を含めた様々な面で差別は続いた。それは現在に至るもみられる現象で、近似の警察官による黒人市民の射殺事件の続発は海外でも多く報道されたところである。

この差別は陪審員選任場面でも見られる。そこで、陪審員選任手続の概要を説明し、その後に人種差別の場面を見てみよう。上に述べた「陪審員候補者が地域の性・人種等による階層別人口比を正しく反映していないことを証明するための裁判所陪審員担当責任者からの資料提出」というのもこのような背景があってのことなのである。

陪審員は、無作為抽出された陪審員候補者の中から陪審員選任手続きを経て確定される。

この手続きでは、当事者、すなわち検察と被告人・弁護人が陪審員候補者を忌避する権利を有する。理由付き忌避と無理由忌避がある。前者は、当該陪審員候補者に公正な判断ができない具体的恐れがある場合になされる。忌避権行使回数に制限はない。これに対して、後者は、理由を示すことなしに、いわばこの候補者はわが方に不利に作用するのではないかという判断のもとに行使される。行使回数に制限がある。

黒人が被告人である刑事事件を考えてみよう。検察官が、黒人の陪審員候補者は被告人に有利な判断に傾くのではないかと考え、これを無理由忌避で排除できるであろうか。無理由忌避は忌避権行使者に大きな裁量が認められている。そうでなければ無理由忌避を認めた意義が失われてしまうからだ。しかし、だからといって、人種を理由に忌避権行使をすることは憲法で保障する平等に処遇される権利の侵害にならないか。

これにつき、連邦最高裁判所は、人種だけを理由に無理由忌避をすることは憲法違反だとの判断を示している。当初の判断は、検察官が当該事件というより自己の担当する事案全体の中で無理由忌避権を人種差別的に行使していることが証明された場合に憲法違反となるとするものであった。

しかし、被告人にこのような立証責任を課すことは酷に過ぎる。そこで、その後の判断は、被告人が個別の事件でそのような人種差別をしていることが推定できる程度に明らかにすれば、検察官が黒人候補者の無理由忌避は人種的理由でないことを説明する責任を負うことになるというものに変更された。

なお、その後、弁護人の差別的忌避も許されないことになり、その場合は州民の人権の擁護者として検察官が申し立てをすることが認めらるようになった。

以上の次第で、人種だけを理由とする無理由忌避が憲法違反になることは明らかとなった。その実際の運用はどうであろうか。

筆者が傍聴した殺人未遂等被告事件では、証人予定者に警察官が含まれていた。その証言を積極的であれ消極的であれ、バイアスをもって聞き判断することは、中立の判断をすべき陪審員としてふさわしくない。そこで陪審員候補者は選定手続きの際に、警察官との関係で自己または家族・友人が良い経験ないし悪い経験を有しているかを質問された。そして、そのような経験をした者は、警察官の証言を予断なく聞くことができるかを訊かれた。

ところで、先に述べたように、警察官の黒人射殺事件が何件も報道されている。黒人が職務質問・身体検査を受ける件数は白人に比較して非常に多いことも明らかにされている。服役者数についても同様で、2013年2月時点でのサンフランシスコの人口の6%が黒人であるところ、服役者の50%が黒人であると報道されている。従って、警察官から受けた悪い経験を持つ黒人も現実に非常に多い。上記の事件で、どこでそのような経験をしたかを聞かれた黒人候補者がいくつもの地名を上げ始めて、判事に、「もういい」と制止されたことがあった。結局、この事件で陪審員として選任された黒人は一人だけであった。

これは上記連邦最高裁の判断基準に従えば違憲・違法とはならない。黒人であること「だけ」を基準に黒人候補者が排除されたからではないからである。

確かに、その通りではあるが、釈然としない。警察官を証人予定リストに載せれば、黒人を陪審員から排除することは容易ではないか。上記被告事件の弁護人は、筆者の疑問に、「制度としてアンフェアだ」と言明した。

ところで、日本は近時、裁判員制度を導入した。裁判員候補者として出頭を命じられたものの出頭率は著しく低い。出頭した者の中には裁判員となることを回避しようとして色々な口実を申し立てる。そのような結果として、裁判員に選任された者の層に偏りはないか。重罪事件での重大刑罰宣告後のインタビューで、「良い経験をした」と答える人たちがいる。被告人とは明らかに一線を画してわが身を置き、被告人を対象に自分の社会経験を積んだことに満足しているかのごときその姿には被告人の同輩としての視点は非常に少ないのではないかと思わざるを得ない。多くの市民が裁判員になるのを回避しようとする中、このような人々が率先して裁判員になる傾向が強まれば強まるほど、裁判員の偏りという心配が現実味を増す。アメリカでは、陪審員はその属するコミュニティからその多様性に比例し横断的に選任されることが求められる。しかし、日本の実際は、刑事裁判に平均以上の関心を持つ者、重罰思想を持つ者、比較的時間に余裕を有する者など、平均的市民層からはいささか離れている者によって裁判員が構成されてはいないだろうか。

そのような状況下、予断と偏見のない刑事司法が実行されているのであろうか。

人種差別問題がアメリカほどではないとしても、日本でも、民族問題、男女差別問題、貧富の格差問題等の社会問題は山積している。裁判員の選任次第では被告人に不当に不利な、あるいは、不当に有利な判決が出されるということも杞憂とは言い切れまい。この点、アメリカでは、前記の黒人差別違憲判決後、ヒスパニック差別、女性差別も陪審員選任の基準としてはならないとの連邦最高裁判決が出された。日本でも、裁判員裁判制度を継続するなら、裁判員選任基準とその手続きにつき深い検討がなされるべきであろう。

ひとつの方法として、裁判員となる者の層の偏りを防ぐため、入り口の段階である裁判所出頭に関し、裁判員候補者不出頭の場合の制裁を現在の過料10万円（これも実際には全く機能していない）より厳しくする、出頭率が一定以下の場合は、それ以上に選任手続きを進めることができないとするなどが考えられる。それでは制裁手続きが大量となり処理できない、国民の権利が侵害される、裁判員裁判が成り立たない、等の反論があろう。しかし、裁判を公正なものにするためのその程度の手段が国民の憲法上の権利を侵害することになったり、制度として耐えられない負担となるというのであれば、そもそもそのような裁判制度自体に問題があるからだといえないであろうか。

宗主国イギリスの王による裁判ではなく同輩による裁判を打ち立て、陪審裁判を受ける権利を憲法上の権利と位置付けたアメリカと違って、裁判員裁判は日本国憲法及び現在の日本の法制度に適合していないとの危惧をぬぐい切れない。少なくとも、立法時の経過は、国民が主権者であるとの認識を権力の一翼を行使させることによって学習させようとするのが本制度導入の目的であったことを示す。そして、出来上がった法律（裁判員の参加する刑事裁判に関する法律）1条も「司法に対する国民の理解」を目的とすることを明示する。ここには、司法の命であり目的である基本的人権保障・（民主主義と区別されるところの）自由主義的観点は見られない。権力の横暴から仲間の自由と命と財産を守るという発想からは程遠い。

陪審裁判の導入の是非は置くとしても、現行の裁判員裁判制度には多くの疑問が付きまとうのである。

本題のサピーナに戻そう。「subpoena」と書く。一般には「召喚状」と訳され、裁判所への出頭要求もこれによる。証拠提出命令は「subpoena duces tecum（サピーナ・デューシーズ・ティーカム）」であるが、これもサピーナの一つであり、単純にこれを「サピーナ」ということもあり、また、ここで扱うのは当事者の第三者に対する要求なので、サピーナ＝証拠提出要求書として進める。また、第三者に対する要求であって、相手方当事者に対してはディスカバリーによるべきでサピーナによって証拠・情報を求めることはできない（１０５４条（ｅ））。

証拠提出要求は、検察官または弁護人の署名した書面（なお、法律の規定及び解説書には調査員の署名によるサピーナ発行も記載されているが、どの弁護士に聞いても調査員が作成したサピーナには弁護士が署名して発行すると言っていた。そこでここでは「検察官または弁護人の署名」と限定した。少なくともそれが実務の実態のようである）により第三者に直接なされる。そして、要求した側はこのことを、記載内容を含めて相手方当事者に通知しなければならない。ただし、そのような通知義務を認定したカリフォルニア最高裁判決も、「通常は」とか「典型的な場合には」との制限的言辞を伴っているので、弁護人としては秘密接見交通権や医療上の秘匿権が侵害される恐れがあるときは、これを拒否すべきことが求められるとする説がある。

要求された第三者は異議がなければ、裁判所に出頭して求められた証拠等を提出するのが原則だが、不出頭の許可を得て提出だけにすることもできる。また、裁判所を通さずに任意に申し立てをした者に提供することもある。異議も出さず、定められた提出日に提出も任意提供もしない場合は法廷侮辱罪に問われる。要求した側はさらに裁判所に提出の強制を求めることができる。

裁判所に提出された証拠等は、証拠漁りを防ぐ意味からも、司法手続きの一環であることを保証する意味からも、裁判所がその中身を吟味し、提出要求者が法的に当該証拠等を入手できる正当な理由を示したときに限り、これを提出要求者に引き渡す。裁判所は本法1054条の3に定める場合を除いて、これを検察官へ開示することを命ずることはできないとされる。無制限に開示を命じることができるとすると、被告人側は有利な情報収集をするか検察官に自己の手の内を知られてしまうことを嫌ってこれをあきらめるかの選択を迫られてしまうことになり、被告人の効果的な弁護人の援助を受ける憲法上の権利を侵害することになりかねないし、各当事者に第三者に対する開示要求を認める趣旨に反することにもなるからである。

異議は当該第三者のほかに相手方当事者も申し立てることができる。このときは必要であればイン・カメラ手続が採られる。ただし、相手方抜き審理は被告人や第三者の権利を守るのに真に必要な場合に限られる。

2　日本の参考になるカリフォルニア州司法制度

日本で検察・警察の手持ち証拠の開示を求めるという意味での「ディスカバリー」が論ぜられることが多いが、そして、その例としてアメリカのそれが引用されて論ぜられるが、実は上に見た、第三者からの「ディスカバリー」も刑事司法に重要な役割を果たしている。

今後、冤罪の防止及び公正な刑事司法を論ずるに当たっては、「サピーナ」を参考に、弁護人の証拠収集権も広く議論されるべきではないだろうか。

なお、弁護人の証拠収集権に関連して、アメリカでは弁護人のために働く「investor」という職業人がいる。本書ではこれを「調査員」と訳す。これは、弁護人のために証拠や情報を収集し、検察官から提供された証拠や資料をチェックし、証人との事前面接をする役割をも担う。先に述べたようにサピーナの作成と執行も担う。州の認定する資格があるが、調査員として活動する者は資格保持者に限られない。また、警察経験者が多い。

民間の弁護士はこれを利用する場合は、多くは事務所に雇用するのではなく事件ごとに依頼する。ただし、たとえばサンフランシスコにおける調査員報酬が1時間当たり80ないし90ドル（2017年現在）であるため、財政的に豊かでない被告人にとってはその活用に限界がある。裁判所により選任された弁護人の場合は事前に裁判所の許可を得て調査員を利用し、その費用は裁判所が負担する。これに対し、公設弁護事務所は自前の調査員を要している。サンフランシスコ公設弁護人事務所の調査員は弁護士約１００人に対し約20名、弁護士５人に１人（２０１６年）の割合で存在する。筆者の所在するヨーロー郡公設弁護人事務所では、弁護士23人に対し調査員は５人、ほぼ同様の割合である。

日本では探偵に依頼することとあるが、費用は相当高額であり、依頼者が相当裕福でなければこれを利用することには無理がある。また、国選弁護人が探偵に調査を依頼した場合、その費用は当該弁護人の負担となる。通常の国選弁護においてその報酬は一件当たり10万円未満であるから、その中から数十万円の探偵費用を負担することは不可能である。

なお、日本の日本司法支援センター（法テラス）が刑事事件に関する公設弁護人事務所の役割を担えないかが議論される。筆者は日本司法支援センターには批判的であるが、その理由の一つは、同センターが法務省の管轄であり本来権力作用から独立であるべき弁護士の立場と相いれない点を指摘してきた（弁護士の団体である弁護士会は法務省その他の国の機関から独立している）。この点、サンフランシスコ公設弁護人事務所は、その代表は公の選挙で選ばれ（カリフォルニア州の公設弁護人事務所は他州に比較して相当充実していると言われるが、代表が選挙により選ばれるのはサンフランシスコのみである）、他の行政組織から独立している。また、財政的にも2016年の予算は3500万ドルと充実している。

弁護人を選任する経済的余裕のない被告人・被疑者にとって、日本の現在の国選弁護人制度がいいのか、カリフォルニア州型の公設弁護人事務所制度がいいのかは多方面からの総合的考慮と判断が必要であろうが、仮に後者であるとすれば、サンフランシスコ型は大いに参考になるであろう。

こうしてみると、日本の弁護人の証拠収集能力をカリフォルニア州と比較すると、システムの点からも、人的・物的資源の観点からも相当見劣りがすることが分かる。

カリフォルニア州を始めアメリカの各州で多くの冤罪が報告されている。そこには、「人による裁判」という本来的な限界以上のシステマティックな欠陥があるのではなかろうか（人種差別、陪審員制度、司法取引等）。しかし、公正な裁判と被告人の人権保障という観点からは学ぶべき点も多々ある。本書で紹介したディスカバリー等のシステムはその一つである。そして日本でも先に述べたように不十分ではあるが、弁護人の証拠収集力を高める方向に一歩動き出した。さらにその歩を進めるためにカリフォルニア州の例がその良い点も悪い点も含めて参考になればと思う次第である。

第7章　連邦のディスカバリー制度

カリフォルニア州の制度から目を移して、連邦のディスカバリー制度の概略を紹介しよう。なお、この制度は連邦裁判所に継続した事件に適用されるものである。ある事件が州管轄でもあり連邦管轄でもあるという場合もあるが、それが州裁判所に係属したときは、この規則の適用はない。

1　ジェンクス法と連邦規則16

連邦ディスカバリーとしては3つの法源が指摘される。ブレイディ・ルール、ジェンクス法、連邦規則16がそれである。ブレイディ・ルールについては既に述べた。

ジェンクス法とは、労働組合委員長のジェンクスが自分は共産党員ではないという虚偽の宣誓供述書を提出したことが罪に問われ、その裁判でＦＢＩに金で雇われてＦＢＩに密かに情報を渡していた共産党員がジェンクスに不利な証言をしたところ、被告人側が証人がそれまでにＦＢＩに提出した報告書の開示を求めて裁判所に拒否され、これが最高裁で覆され有罪判決が破棄されたという事件を契機に作られた法律である。それは、検察官は、証人の証言後には、その証人の記録化された供述を被告人側に開示しなければならないとする。「証言後」であり、カリフォルニア州ディスカバリー法１０５４条の１（ｆ）及び１０５４条の７が公判前としていることと比較して制限的である。

連邦規則16条は１９４５年に制定され、その後の数回の改正を経たもので、制定は１９５７年のジェンクス法や１９６３年のブレイディ判決よりも古い。その和訳を資料として掲載する（**巻末資料5**）。

その特徴をいくつか挙げよう。

第1に、当事者の請求があって初めて開示義務が発生するということである。ただし、ブレイディ・ルールの対象となる証拠・情報は本規則にかかわらず、被告人側の請求がなくても開示しなければならない。

第2に、カリフォルニア州ディスカバリー法に比べて、開示対象の範囲が狭い。例えば、カリフォルニア州法では捜査過程で取得した物証はすべて開示の対象となるが、本規則では

（a）（1）（E）に掲げる要件のいずれにも該当しなければ開示の対象とならない。
第3に、ブレイディ判決の後に本規則の改正があったものの、ブレイディ・ルールをこれに取り入れることはなかった。従って、被告人に有利かつ重要な証拠・情報の開示は判例に依拠している。

第4に、相互主義を採用しているが、被告人側の開示義務は、被告人側が開示請求権を行使し、検察がこれに応じたときに初めて発生するという構造になっている。というのも、相互主義が導入されたときに被告人の憲法上の権利の侵害とならないかが議論され、結局は、立法者（議会）がブレイディ・ルールを除いて憲法上保障されていない被告人の検察官に対する開示請求権を認め、検察官の開示請求をこれにかからしめれば憲法の許容範囲だと判断をしたからである。

なお、相互主義の延長としてのアリバイ等の抗弁事実の主張については、連邦規則12条ないし12条の3が規定する。この場合、被告人側は抗弁事実の主張予定を事前に検察官に通知するものとするが、その反面、その通知を受けた検察官は被告人側にその反証としての証人に関する情報を通知しなければならないとする。また、12条の3は、被告人側が精神状態に関する主張をするときは、裁判所は検察官の請求により被告人に専門家の鑑定を受ける義務を課することができるとするカリフォルニア州ディスカバリー法1054条の3（b）と同趣旨を定める。

2　規則16条の運用上の注意点

規則16条は各州に大きな影響力を与えている。例えば、前述したノースカロライナ州では、オープン・ファイル・ポリシーを採用するまでは規則16条と殆ど同様の証拠開示制度を採用していた。しかし、それはかなり証拠開示に制限的な要素を有しているところ、ＤＮＡ検査技術の発展等により近時多くの冤罪事件（特に死刑事案）が明らかになるに及び、徐々に大幅に開示義務を課すＡＢＡ基準をモデルにした州法が広がりつつあるとされる。

規則16条モデルでもブレイディ・ルールは別建てで存在するのであるから、冤罪防止にそれほど支障はないのではないかとの見解もありうるであろう。しかし、規則16条モデルを採用する州でブレイディ・ルール違反が多くみられるとの研究結果がある。刑事訴訟における証拠開示の基本的見解・哲学が実務に大きく影響するのである。

日本でこの制度を導入するに当たっては、特に意を払うべきところである。また、後掲の刑事弁護人に対するアンケートの回答中に多く見られるように、検察官の開示義務順守の実効性担保措置をいかに工夫するかも慎重に検討されなければならない。

第8章　ディスカバリーの実務

　これまでは主にディスカバリーの制度について紹介してきた。しかし、前述したとおり、実際には検察官の証拠隠しやブレイディ違反が多く報告されている。そこで、本項ではこの制度がカリフォルニア州で実際にどのように運用されているか、そこに問題があるとすれば、それにどう対処すべきかについて論じている「北カリフォルニア・冤罪救済事業（イノセント・プロジェクト）」による「防止可能な過誤：1997年から2009年にかけての検察官の不適切行為に関する報告」（本報告書）を参考に実態を見ることにする。なお、実務感覚を知るためにアンケート調査をした。不十分なものに終わったが、おおよその傾向を知るための手がかりとしてその結果を資料として後掲する（**巻末資料6**）。

1　検察官の不適切行為

「北カリフォルニア・冤罪救済事業」（ＮＣＩＰ＝North California Innocence Project）とは、サンタクレラ大学ロー・スクールにおける、大学教官、弁護士、法学生等が誤判により有罪とされた者の救済を目的としてなされるプロボノ活動（法律家による公益目的の無償活動）である。このＮＣＩＰが検察官の不適切行為が問題となった１９９７年から２００９年までの４０００件以上の控訴裁判所判決と多くのマスコミ情報及び一審判決を調査し分析した。

約４０００件の控訴事件中、裁判所は、約３０００件は被告人の検察官による不適切行為の主張を排斥し、２８２件はこの主張についての判断をせずに一審裁判所の審理が公正であったとし、７０７件について検察官の不適切行為を認定した。７０７件という数字は１週間に1件ということになるが、これは限られた資料の調査によるものであること、重罪事件の97%以上は有罪答弁等のため公判に行きつかずに終了すること、控訴されていない事件は調査の対象外であること、発覚しない検察官の不適切行為もあるはずであることを考慮すれば、実際の件数はもっとずっと大きくなるはずである。

この707件中548件は、判決に影響を及ぼさないという理由で控訴が棄却され、残りの159件で控訴が認容された。

控訴が認容されたものはどのようなものであったか。相当深刻と呼べる検察官の不適切行為を確認するために、ディスカバリー関連でいくつかの例を紹介しよう。

①被告人は殺人及び強姦未遂で有罪とされ仮釈放なしの終身刑を課された。実は担当検察官が自ら取り調べた重要証人の被告人無罪を示す法廷外供述の録音を有していたのであるが、これを開示しなかったことが判明した。被告人は服役中の22年目に獄死していたが、2007年、カリフォルニア高等裁判所は司法の廉潔性と公正性の観点から放置できないとして、有罪判決の無効を宣言した。

②未成年者に対する強制わいせつ事件で、被告人側が強制わいせつ行為の存在を否定する専門家意見を提出していたところ、検察官はその意見書の結論の正当性を裏付ける医療鑑定ビデオを有していたのにこれを開示しなかった。2008年、カリフォルニア高等裁判所は原審判決を無効とした。なお、この事件を契機として、1991年以降、3000本のビデオが開示されていなかったことが判明した。

③被告人は主に共犯者とされる者（すでに殺人罪で仮釈放なしの終身刑が確定）の証言に

より殺人で1986年に有罪とされた。しかし、その証人は担当検察官に被告人を陥れたくて虚偽の証言をした旨の手紙を出していたのであるが、検察官はこれを隠していたことが判明した。しかも、その証人と検察官との間では刑を軽くするための取引もなされていたのである。2002年、有罪判決は破棄された。

④被告人は性犯罪で有罪とされたが、被害者証言が虚偽であることを示すDNAテスト結果を検察官が隠していたことが判明し、この有罪判決が破棄された。

⑤被告人は殺人罪で有罪とされ、死刑が宣告された。有罪判決のよりどころとなる検察側証人と検察官との間で同証人の寛刑処分についての合意がなされていたが、検察官は裁判官にそのような合意は存在しないと言い、また当該証人に法廷でその合意の不存在を証言させたことが明らかになり、2005年、有罪判決は破棄された。

無害過誤原則

なお、「判決に影響を及ぼさない」という表現は筆者が日本の刑事訴訟法から借用したものであるが、アメリカでは「the harmless error doctrine」（無害過誤原則）と言われるものであり、当初は技術的過誤を原因として裁判をやり直す無駄を回避するための原則であったが、次第に基本的公正さを欠くに至ることがなく結論にも影響しなければ憲法的過誤がある場合でさえもこの原則で救われてしまうようになったものである。

このことを明らかにしたのが連邦最高裁のチャップマン判決である。強盗、誘拐及び殺人でカリフォルニア州フレズノ郡の地方裁判所に起訴された被告人チャップマンと相被告人は法廷での証言を拒んだところ、検察官は陪審員に対し被告人らが法廷で否認しないのだからそのことは自分たちの不利に判断されるのは当然だと繰り返し主張し、裁判官も同様の教示をした。結果としてチャップマンは有罪判決を受け無期懲役刑を課された。

ややこしいことに、この判決の後に連邦最高裁が被告人が法廷で証言しないことを被告人の不利に援用することは黙秘権を保障した修正憲法5条及び法の適正手続きを定めた修正憲法14条に反するとしたことである。これによって、上記の検察官の弁論と裁判官の教示は憲法に反することになった。そして、カリフォルニア憲法は手続き上の過誤が判決に影響することがなければ原判決を破棄できないとしているのである。

争点は2つある。全ての憲法違反手続きは判決に影響することになるのか、及び、仮に判決に影響しない憲法違反手続きがあるとすると本件ではどうか、ということである。最高裁は、憲法違反があっても非常に些細な違反であれば判決に影響せず、従って自動的に破棄されることはないとし、他方で、本件では検察官は合理的な疑いを超えて上記憲法違反手続きが判決に影響しないと証明できていないとしてチャップマンの終身刑判決を破棄差し戻した。

こうして、この最高裁判決が、たとえ憲法違反手続があっても破棄事由とならない場合があるとすることの理論的根拠となったのである。

本報告で紹介されている「判決に影響を及ぼさない」とされた裁判例の中にどのような違反が認定されているかを見てみよう。

①検察官が陪審員に対し、「評議室に入ったら無罪推定原則はなくなる」と説明。
②検察官が聖書を引用して被告人が死刑に処せられるべきことが神の意思であることを主張。
③チャップマン事件と同様に検察官が被告人の証言拒否を被告人に不利に援用。

もっとも、判決に影響するか否かという基準によれば、検察官の不適切行為の悪質さの程度は直接には判断の材料とならないことになり、本報告書も、同じような不適切行為の認定がされても結論が正反対になった5組10個の判決例を紹介したうえで、「きわめて悪質な不適切行為も無害とみなされてしまうことがありうる」と批判するのである。

2　不適切行為が頻発する構造

こうして、不適切行為があっても有罪判決が覆らないとなれば、検察官にとって不適切行為回避の動機づけが弱くなる。また、高裁で不適切行為が認定されても原判決の差し戻しや変更がない限り、その不適切行為について法曹協会への報告義務は生じないので、多くの場合は検察官の説明責任が生じない。

仮に法曹協会への報告がなされ懲戒問題が生じても、法曹協会は検察官に対する懲戒処分に消極的で、実際には13年間でわずか6人しか懲戒処分を受けていないのである（なお、そのいずれもが被告人に有利な証拠・情報を開示しなかった事案である）。同じ期間に474件の懲戒処分がなされ、また、刑事裁判で懲戒されない検察官の行為と同様の行為をした弁護人は頻繁に懲戒処分を受けていることと比較すると、その消極姿勢は明らかである。さらに、検察官はその職務上の行為について民事上の絶対的無責とされているので、損害賠償責任を追及されることもない。

こうして不適切行為が頻発し、相当数の検察官が複数回の不適切行為を繰り返すことになってしまう。本報告書は該当検察官の氏名と部署を明示して、その不適切行為を紹介している。

また、判決に影響するか否かの問題以前に、裁判所が検察官の不適切行為の有無についての判断を回避することがある。先に述べた282件がそれである。そのうちの一つ、2009年の高裁判決を見てみよう。

被告人は暴行とライフルを突き付けられての脅迫で無理やり犯罪に引き込まれたと主張していたが認められず、虐待と殺人の罪で有罪とされ終身刑を言い渡された。その後、被告人の主張を裏付ける内容の他の共犯者の警察官に対する供述書面が存在し、検察官がそのことを知りながら最終陳述で被告人の主張は虚偽であると主張していたことが判明した。有罪判決は破棄・差し戻されたが、控訴裁判所は検察官に不適切行為があったとは認定しなかった。弁護人が適時適切な異議を申し出なかったのであるから、権利を放棄したものとみなすというのである。

282件中78件はこの権利放棄論によるものであった。他の204件は、全体として裁判の公正性は失われておらず結論にも影響しないので、検察官の不適切行為を論ずる必要がないというものであった。本報告は、検察官の不適切行為は刑事裁判の廉潔性、公正性に重要な影を落とすものであるとして、裁判所のこのような判断回避傾向を批判する。

3　ブレイディ・ルールの順守に向けて

ところで、「不適切行為」とは何か。法律学辞典として最も権威あるものの一つである「ブラック・ロー・ディクショナリー（Black's Law Dictionary）」はこれを「検察官の不当なまたは違法な行為であり、特に必要な開示を回避し、または陪審員に対し誤った有罪判決や不当な量刑を説得する行為を含む」と定義する。開示拒否は典型的な不適切行為とされているのである。

本報告でも７０７の事件で７８２の不適切行為を抽出しているが、そのうち66個がブレイディ・ルール違反であった。そのうえで、本報告書はブレイディ・ルール違反は検察官の不適切行為の中でも最も広くみられる行為の一つであったとしている。

さらに、本報告は、検察官が被告人の有罪を信じれば、目の前にある証拠は誤解を生むものまたは無関係なものと考えてブレイディ・ルールの対象外と判断してしまいがちであり、しかも他の何らかの方法で明らかにならない限りブレイディ・ルール違反の事実は日の目を見ないことになると、ブレイディ・ルールの本質的弱点を指摘している。

こうして本報告は、検察官の不適切行為は、被告人の権利を侵害し、司法の正義を害し、司法と公正な社会への市民の信頼を害し、多額の税金の浪費をもたらすのであるが、その中でもブレイディ・ルール違反は、無実の被告人にとっては致命的なものであるとするのである。

「今こそ、改革と法曹の説明責任が求められるときである」

本報告は、多数の事件を調査・分析したうえであるべき方策を提示する。ここでもブレイディ・ルールを念頭に置く部分が多い。以下にこれを列挙する。

・カリフォルニア州法曹協会は他の関連組織と協力して法律家倫理の研修の場を広げ強化すること。その研修にはブレイディ・ルールの順守等の必須項目を設けること。刑事司法に携わる法律家は3年毎にこの研修に参加すること。
・検察部門は内部調査と懲戒を含めて不適切行為に厳しく対応する方針を確立すること。
・検察部門と警察部門はブレイディ・ルール順守のための書面化された内部規則を作ること。そこには、無罪方向証拠の収集、警察から検察への引き渡し、検察から被告人への開示を確実にするための手続きを明示すること。
・裁判所の法律家の不適切行為に関する報告義務の対象を判決の破棄や変更に至らない場合

でも、意図的な偽証の顕出、被告人に有利な証拠の不開示等、それが悪質である場合や憲法に違反する場合にも広げ、裁判所はこの義務を確実に履行すること。
・不適切行為を認定したときは判決書にはその検察官の氏名を明示すること。
・州最高裁は裁判所の不適切行為報告義務の順守を指導・監督し、報告内容は公開すること。
・検察官の民事責任完全免責を制限的免責に改めること。検察官の完全民事免責を認めた連邦最高裁判決は変更されるべきである。検察官が確立された法律上または憲法上の権利を侵害せず、または、検察官が合理的な検察官であるならばそのような権利の侵害にならないと信じた場合に免責されるとすれば充分である。
・カリフォルニア州法曹協会はＡＢＡの専門家倫理規則案3．8の検察官の特別責任規定（ブレイディ・ルール違反等検察官の不適切行為を懲戒事由として定めている）を採用すべきこと。
・カリフォルニア州法曹協会は検察官に対する懲戒処分の消極的姿勢を改め、かつ、懲戒審査と結果の透明性を高めること。

本報告書は、以上のような提言をしたうえで、第9連邦巡回裁判所（サクラメントにある高等裁判所）の判決書の一部、「我々の刑事司法は陪審員に訴えかける法律家の清廉さに依拠している。たとい一件でも偽証や欺瞞的手段によって有罪となる事件があれば、それは我々の制度が全体として弱体化されたことを意味する」を紹介したうえで、最後に、「今こそ、改革と法曹の説明責任が求められるときである」と締めくくるのである。

あとがき

本書に紹介したように、２０１６年、刑事訴訟法が改正され、刑事裁判における証拠開示制度に一定の改善・進歩がもたらされた。しかし、それは必ずしも十分なものではなく、更なる進展が望まれるものであった。

この年、私は弁護士を廃業し、さて、次に何をしようかと模索中であった。そんなとき、カリフォルニア大学デーヴィス校のロー・スクール（University of California, Davis School of Law）から客員研究員の声がかかった。渡りに船、とはこのことである。早速これに飛び乗ったのである。調査・研究のテーマも目の前にぶら下げられていた。証拠開示制度、アメリカ法で言えばディスカバリーである。

これまで、日本の多くの弁護士は刑事裁判における職業裁判官の形式的、独断的かつ時に非常識な事実認定を批判し、アメリカ流の陪審制度を導入して市民感覚、世間の常識を裁判に反映させることを提唱してきた。法律判断には専門性が求められても事実認定に専門家はいない、市民の常識的感覚が適正な事実認定に資する、というわけである。

しかし、陪審員裁判が主流のアメリカでは多くの誤判が生じていた。また、その手続きの運用に多くの物的・人的資源と時間を必要とし、陪審員による公判を回避しようとする傾向も見られた。

そのような中、日本では「司法改革」という名の大きな政治的潮流の中で、２００４年、裁判員裁判制度が導入されるに至った。これは陪審員制度と参審制度を混合させたような制度であるが、一般市民が事件毎に無作為に抽出され事実認定に当たる、という点では陪審員制度と同じである。とすると、前に述べたアメリカでの陪審員裁判の問題点も引き継いでしまうのではなかろうか。また、アメリカでは憲法で国民に陪審員裁判を受ける権利を保障しており、その反面で国民の陪審員として審理に立ち会う義務も肯定しやすいが、日本国憲法は国民にそのような権利も義務も規定していない。被告人は裁判員裁判を拒否する権利はないのだろうか、国民は裁判員となることを拒否する権利は認められるのであろうか。

裁判員裁判導入前後に、このような問題点について真剣に議論されることはなかった。実際には、この制度は司法に対する国民の理解と信頼を得るためのものであり、被告人のための制度ではないから、被告人はこれを拒否できない、などという主張の下に被告人の拒否権はあっさり否定されてしまった。刑事裁判は国民の基本的人権の保障を制度の柱の一つとしていることを忘れた議論というしかないが、ことほど左様に、この制度の導入に当たって被告人の、そして裁判員となり得る国民の基本的人権ということには重きが置かれなかったのである。日本の刑事裁判には誤判がある、従ってこれをどのように是正しようかとも観点もなかったために、陪審裁判の誤判問題もまともに検討されなかった。

いま、新たに刑事裁判における証拠開示が拡充され、更なる進歩が強く望まれている。その時、裁判員裁判導入の経過がそうであったように、アメリカの制度が重要な参考資料とされる可能性がある。同じ轍を踏まないためにも、アメリカのディスカバリー制度を冷めた目で紹介することも必要であろう。このようなわけでこのテーマを研究・調査の対象に選んだ。

２０１６年９月から翌２０１７年８月までという短期の留学であり、浅学非才の身としてどこまでなしえたか、紹介した内容にも多くの誤解があるのではないか、まことに心もとないところではある。しかし、法律実務家が半身の構えで批判的観点を持ちながら探ったディスカバリーの制度を紹介することにも、それなりの意義があるのではないかと思い、意を決して本書を出版することにした。

調査・研究及び出版に当たっては多くの方々の協力を得た。何よりも、調査・研究の場を与えてくれたカリフォルニア大学デーヴィス校ロー・スクール、そこで各種の便宜を図ってくれた国際課のチャーリー・レムッケ（Charlie Lemcke）さん、ヨーロー郡公設弁護人事務所の方々、特にディーン・ジョハンソン（Dean Johansson）弁護士には、手続の説明、実際の事件における開示証拠へのアクセス、各種書物の提供等、格別の支援をいただいた。また、サンフランシスコ公設弁護人事務所からも多大な協力を得た。その所長であるジェフ・アダチ（Jeff Adachi）弁護士にはアンケートに関する協力を得たばかりでなく実務的な問題点も教えていただいた。私の英会話のチューターをしてくれたロン（Ronald T. Liles）さんには手書きのアンケート回答の反訳を手伝ってもらった。司法ジャーナリストの河野真樹さんは、私がアメリカで本書草稿中から関心を示してくれ花伝社に繋いでくれた。そして平田勝同社社長は帰国後すぐに出版を引き受けてくれ、同社で担当してくれた佐藤恭介さんは極めて迅速に編集作業をこなしてくれた。

私はカリフォルニア州のウッドランドという、小さいが緑豊かな町に住んだ。そこでは近隣の方々が日常生活での援助やアドバイスをしてくれ、ときには私の好きな酒宴をいっしょに楽しんでくれた。安心して豊かな気持ちで調査・研究に勤しめたのもこの人たちのおかげである。

これらの方々に感謝の意を表する。

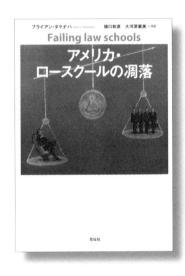

樋口和彦（ひぐち・かずひこ）
1951年生まれ。1975年東北大学法学部卒業。2008年IUPUIインディアナポリス校ロースクール修士号取得。2016年カリフォルニア大学デーヴィス校ロースクール客員研究員。会社員を経て、1982年司法試験合格。1985年弁護士登録。前橋合同法律事務所、樋口法律事務所、法律事務所コスモスを経て、2016年弁護士登録抹消・廃業。群馬県消費者苦情処理委員会、日本弁護士連合会消費者対策委員会、同情報問題対策委員会、同犯罪被害者支援委員会、同死刑制度問題対策連絡協議会等委員。群馬弁護士会副会長、関東弁護士会連合会消費者委員会委員長、ぐんま住民と自治研究会代表を歴任。
著書・論文（いずれも共著）「消費者に武器を!!」（日本弁護士連合会）、「霊感・霊視商法等に関する実態調査報告書」（東京都生活文化局）、『人権理論の新展開』（憲法理論研究会編、敬文堂）、『カラ出張を考える！』（市民オンブズマン群馬編著、LYU工房）
訳書『アメリカ・ロースクールの凋落』（共訳、花伝社）

アメリカにおける証拠開示制度・ディスカバリーの実際

2017年12月15日　初版第1刷発行

著者 ——樋口和彦
発行者 —平田　勝
発行 ——花伝社
発売 ——共栄書房
〒101-0065　東京都千代田区西神田2-5-11出版輸送ビル2F
電話　03-3263-3813
FAX　03-3239-8272
E-mail　kadensha@muf.biglobe.ne.jp
URL　http://kadensha.net
振替 ——00140-6-59661
装幀 ——三田村邦亮
印刷・製本—中央精版印刷株式会社

ISBN978-4-7634-0838-9 C3032

資料編

1　合衆国憲法修正条項（権利章典）
2　カリフォルニア州刑事ディスカバリー法
3　アメリカ法曹協会ディスカバリー基準案
4　ノースカロライナ州証拠開示法
5　連邦刑事訴訟法　規則 16　ディスカバリー及び調査
6　アンケート結果

1　合衆国憲法修正条項（権利章典）

アメリカ合衆国憲法本文第５章にもとづき、合衆国議会が発議し諸州の立法部が承認した、合衆国憲法に追加されまたはこれを修正する条項※

※一般に Amendments（修正条項）と呼ばれる。第 1 条～ 10 条は Bill of Rights と呼ばれ、「権利章典」と訳されるが、イギリスの 1689 年の「権利章典」と区別するため「人権（保障）規定」と訳されることもある。

修正第１条［信教・言論・出版・集会の自由、請願権］（1791 年成立）

連邦議会は、国教を定めまたは自由な宗教活動を禁止する法律、言論または出版の自由を制限する法律、ならびに国民が平穏に集会する権利および苦痛の救済を求めて政府に請願する権利を制限する法律は、これを制定してはならない。

修正第２条［武器保有権］（1791 年成立）

規律ある民兵団は、自由な国家の安全にとって必要であるから、国民が武器を保有し携行する権利は、侵してはならない。

修正第３条［兵士宿営の制限］（1791 年成立）

平時においては、所有者の承諾なしに、何人の家屋にも兵士を宿営させてはならない。戦時においても、法律の定める方法による場合を除き、同様とする。

修正第４条［不合理な捜索・押収・抑留の禁止］（1791 年成立）

国民が、不合理な捜索および押収または抑留から身体、家屋、書類および所持品の安全を保障される権利は、これを侵してはならない。いかなる

令状も、宣誓または宣誓に代る確約にもとづいて、相当な理由が示され、かつ、捜索する場所および抑留する人または押収する物品が個別に明示されていない限り、これを発給してはならない。

修正第５条［大陪審、二重の危険、適正な法の過程、財産権の保障］（1791年成立）

何人も、大陪審による告発または正式起訴によるのでなければ、死刑を科しうる罪その他の破廉恥罪につき公訴を提起されることは無い。但し、陸海軍内で発生した事件、または、戦争もしくは公共の危機に際し現に軍務に従事する民兵団の中で発生した事件については、この限りでない。何人も、同一の犯罪について、重ねて生命または身体の危険にさらされることはない。何人も、刑事事件において、自己に不利な証人となることを強制されない。何人も、法の適正な過程※によらずに、生命、自由または財産を奪われることはない。何人も、正当な補償なしに、私有財産を公共の用のために収用されることはない。

※原文の due process of law（デュー・プロセス・オブ・ロー）の訳。適正な手続のみならず法の適正な内容も要求するところからこのように訳される。

修正第６条［刑事陪審裁判の保障、被告人の権利］（1791 年成立）

すべての刑事上の訴追において、被告人は、犯罪が行われた州の陪審であって、あらかじめ法律で定めた地区の公平な陪審による迅速かつ公開の裁判を受ける権利を有する。被告人は、訴追の性質と理由について告知を受け、自己に不利な証人との対質を求め、自己に有利な証人を得るために強制的手続きを利用し、かつ、自己の防禦のために弁護人の援助を受ける権利を有する。

修正第７条［民事陪審裁判を受ける権利］（1791 年成立）

コモン・ロー上の訴訟において※、訴額が 20 ドルを超えるときは、陪審による裁判を受ける権利は維持される。陪審が認定した事実は、コモン・ロー上の準則による場合を除き、合衆国のいかなる裁判所もこれを再び審

議してはならない。
※コモン・ローについて憲法本文第３章第２条１項の注参照。

修正第８条［残酷で異常な刑罰の禁止］（1791 年成立）
過大な額の保釈金を要求し、過大な罰金を科し、または残酷で異常な刑罰を科してはならない。

修正第９条［国民が保有する他の権利］（1791 年成立）
この憲法の中に特定の権利を列挙したことをもって、国民の保有する他の権利を否定しまたは軽視したものと解釈してはならない。

修正第 10 条［州と国民に留保された権限］（1791 年成立）
この憲法が合衆国に委任していない権限または州に対して禁止していない権限は、各々の州または国民に留保される。

修正第 11 条［州に対する訴訟と連邦司法権］（1795 年成立）
合衆国の司法権は、合衆国の一州に対して、他州の市民または外国の市民もしくは臣民が提起したコモン・ロー上またはエクイティ上のいかなる訴訟にも及ぶものと解釈されてはならない。

修正第 12 条［正副大統領の選出方法の改正］（1804 年成立）
選挙人は、各々の州で集会して、無記名投票により、大統領および副大統領を選出するための投票を行う。そのうち少なくとも１名は、選挙人と同じ州の住民であってはならない。選挙人は、一の投票用紙に大統領として投票する者の氏名を記し、他の投票用紙に副大統領として投票する者の氏名を記す。選挙人は、大統領として得票したすべての者および各々の得票数、ならびに副大統領として得票したすべての者および各々の得票数を記した別個の一覧表を作成し、これらに署名し認証した上で、封印をほどこして上院議長に宛てて、合衆国政府の所在地に送付する。上院議長は、上院議員および下院議員の出席の下に、すべての認証書を開封したのち、

投票を計算する。大統領として最多数の投票を得た者の票数が選挙人総数の過半数に達しているときは、その者が大統領となる。過半数に達した者がいないときは、下院は直ちに無記名投票により、大統領としての得票者一覧表の中の３名を超えない上位得票者の中から、大統領を選出しなければならない。但し、この方法により大統領を選出する場合には、投票は州を単位として行い、各州の議員団は１票を投じるものとする。この目的のための定足数は、全州の３分の２の州から１名または２名以上の議員が出席することを要し、大統領は全州の過半数をもって選出されるものとする。下院にかかる選出権が発生した場合に、【つぎの３月４日になる前に大統領を選出しないときは、】［修正 20 条により改正］大統領に死亡その他憲法上執務不能の事情が生じた場合と同様に、副大統領が大統領の職務を行う。副大統領として最多数の投票を得た者の票数が選挙人総数の過半数に達しているときは、その者が副大統領となる。過半数に達した者がいないときは、上院が、得票者一覧表の中の上位２名の中から、副大統領を選出しなければならない。この目的のための定足数は、上院議員の総数の３分の２とし、選出には総議員の過半数を要するものとする。但し、憲法上大統領の職に就く資格がない者は、合衆国副大統領の職に就くことはできない。

修正第 13 条［奴隷制の禁止］（1865 年成立）
第１項　奴隷制および本人の意に反する苦役は、適正な手続を経て有罪とされた当事者に対する刑罰の場合を除き、合衆国内またはその管轄に服するいかなる地においても、存在してはならない。
第２項　連邦議会は、適切な立法により、この修正条項を実施する権限を有する。

修正第 14 条［市民権、法の適正な過程、平等権］（1868 年成立）
第１項　合衆国内で生まれまたは合衆国に帰化し、かつ、合衆国の管轄に服する者は、合衆国の市民であり、かつ、その居住する州の市民である。いかなる州も、合衆国市民の特権または免除を制約する法律を制定し、ま

たは実施してはならない。いかなる州も、法の適正な過程※によらずに、何人からもその生命、自由または財産を奪ってはならない。いかなる州も、その管轄内にある者に対し法の平等な保護を否定してはならない。

※修正第５条の注参照

第２項　下院議員は、各々の州の人口に比例して各州の間に配分される。各々の州の人口は、納税義務のないインディアンを除き、すべての者を算入する。但し、合衆国大統領および副大統領の選挙人の選出に際して、または、連邦下院議員、各州の執行部および司法部の官吏もしくは州の立法部の議員の選挙に際して、【年齢21歳に達し、】［修正第26条で改正］かつ、合衆国市民である州の男子住民が、反乱またはその他の犯罪に参加したこと以外の理由で、投票の権利を奪われ、またはかかる権利をなんらかの形で制約されている場合には、その州の下院議員の基礎数は、かかる男子市民の数がその州の年齢21歳以上の男子市民の総数に占める割合に比例して、減じられるものとする。

第３項　連邦議会の議員、合衆国の公務員、州議会の議員、または州の執行部もしくは司法部の官職にある者として、合衆国憲法を支持する旨の宣誓をしながら、その後合衆国に対する暴動または反乱に加わり、または合衆国の敵に援助もしくは便宜を与えた者は、連邦議会の上院および下院の議員、大統領および副大統領の選挙人、文官、武官を問わず合衆国または各州の官職に就くことはできない。但し、連邦議会は、各々の院の３分の２の投票によって、かかる資格障害を除去することができる。

第４項　法律により授権された合衆国の公の債務の効力は、暴動または反乱の鎮圧のための軍務に対する恩給および賜金の支払いのために負担された債務を含めて、これを争うことはできない。但し、合衆国およびいかなる州も、合衆国に対する暴動もしくは反乱を援助するために負担された債務もしくは義務につき、または奴隷の喪失もしくは解放を理由とする請求につき、これを引き受けまたは支払いを行ってはならない。かかる債務、義務または請求は、すべて違法かつ無効とされなければならない。

第５項　連邦議会は、適切な立法により、この修正条項の規定を実施する権限を有する。

修正第 15 条［選挙権の拡大］（1870 年成立）
第１項　合衆国またはいかなる州も、人種、肌の色、または前に隷属状態にあったことを理由として、合衆国市民の投票権を奪い、または制限してはならない。
第２項　連邦議会は、適切な立法により、この修正条項を実施する権限を有する。

修正第 16 条［連邦所得税］（1913 年成立）
　連邦議会は、各州に比例配分することなく、および人口調査または算定によることなく、いかなる源泉から生ずるものであっても、所得に対して税を賦課し徴収する権限を有する。

修正第 17 条［上院議員の直接選挙］（1913 年成立）
第１項　合衆国の上院は、各州から２名ずつ選出される上院議員でこれを組織する。上院議員は、各州の州民によって、６年を任期として選出されるものとする。上院議員は、それぞれ１票の投票権を有する。各州の選挙権者は、州の立法部のうち議員数の多い院の選挙権者となるのに必要な資格を備えていなければならない。
第２項　州の選出上院議員に欠員が生じたときは、その州の執行部は、欠員を補充するための選挙実施の命令を発しなければならない。但し、州の立法部は、立法部の定めるところに従って州民が選挙で欠員を補充するまでの間、執行部に対して臨時の任命をする権限を与えることができる。
第３項　この修正は、この憲法の一部として効力を発する前に選出された上院議員の選挙または任期に、影響を及ぼすものと解されてはならない。

修正第 18 条［禁酒修正条項］（1919 年成立）
第１項　この修正条項の承認から１年を経た後は、合衆国とその管轄に服するすべての領有地において、飲用の目的で酒類を製造し、販売しもしくは輸送し、またはこれらの地に輸入し、もしくはこれらの地から輸出することは、これを禁止する。

第２項　連邦議会および各州は、適切な立法により、この修正条項を実施する権限を競合的に有するものとする。
第３項　この修正条項は、連邦議会がこれを各州に提議した日から７年以内に、この憲法の規定に従って各州の立法部により憲法修正として承認されない場合には、その効力を生じない。**[修正第 21 条で全文廃止]**

修正第 19 条［女性参政権］（1920 年成立）
第１項　合衆国またはいかなる州も、性を理由として合衆国市民の投票権を奪い、または制限してはならない。
第２項　連邦議会は、適切な立法により、この修正条項を実施する権限を有する。

修正第 20 条［正副大統領と連邦議員の任期］（1933 年成立）
第１項　大統領および副大統領の任期は、この修正条項が承認されていなければその任期が終了していたはずの年の１月 20 日の正午に終了し、上院議員および下院議員の任期は、同じ年の１月３日の正午に終了する。後任者の任期はその時に始まる。
第２項　連邦議会は、毎年少なくとも１回集会するものとする。会期の開始時期は、法律で別の日が指定されない限り、１月３日の正午とする。
第３項　大統領に選出された者が、大統領の任期の始期として定められた時に死亡していた場合には、副大統領として選出された者が大統領となる。大統領の任期の始期として定められた時までに大統領が選出されていない場合、または大統領として選出された者がその資格を備えていない場合には、副大統領として選出された者が、大統領がその資格を備えるに至るまで、大統領の職務を行う。連邦議会は、法律により、大統領として選出された者も副大統領として選出された者もともにその資格を備えていない場合について定めを設け、誰が大統領の職務を行うかについて、またはその職務を行う者を選出する方法について、宣明することができる。この者は、大統領または副大統領がその資格を備えるに至るまで、大統領の職務を行う。

第４項　連邦議会は、法律により、下院に大統領の選出権が発生した場合に大統領として選出することのできる者の中に死亡者が出たとき、および上院に副大統領の選出権が発生した場合に副大統領として選出することのできる者の中に死亡者が出たときについて、定めを設けることができる。
第５項　第１項および第２項は、この修正条項が承認された後の10月15日に効力を生ずる。
第６項　この修正条項は、提議された日から７年以内に、４分の３の州の立法部によりこの憲法の修正として承認されない場合には、その効力を生じない。

修正第21条［禁酒修正条項の廃止］（1933年成立）
第１項　合衆国憲法修正第18条は、本修正条項により廃止する。
第２項　合衆国のいかなる州、準州、または領有地であれ、その地の法に違反して、酒類を引渡または使用の目的でその地に輸送しまたは輸入することは、この修正条項により禁止される。
第３項　この修正条項は、連邦議会がこれを各州に提議した日から７年以内に、憲法の規定に従って各州の憲法会議によりこの憲法の修正として承認されない場合には、その効力を生じない。

修正第22条［大統領の三選禁止］（1951年成立）
第１項　何人も、大統領の職に２回を超えて選出されることはできない。他の者が大統領として選出された任期の間に、２年以上大統領の職を保持しまたは大統領の職務を行った者は、大統領の職に１回を超えて選出されることはできない。但し、この修正条項は、これが連邦議会により発議されたときに大統領の職を保持している者には適用されない。この修正条項は、これが効力を生じたときに任期中の大統領の職を保持しまたは大統領の職務を行っている者が、任期の残りの期間、大統領の職を保持しまたは大統領の職務を行うことを妨げるものではない。
第２項　この修正条項は、連邦議会がこれを各州に提議した日から７年以内に、４分の３の州の立法部により憲法の修正として承認されない場合は、

その効力を生じない。

修正第 23 条［コロンビア地区の大統領選挙人］（1961 年成立）

第１項　合衆国政府の所在地を構成する地区は、連邦議会が定める方法により、つぎの者を選任する。この地区が州であるならば選出することができる連邦議会の上院および下院の議員の総数と等しい人数の大統領および副大統領の選挙人。但し、その数は、いかなる場合でも人口の最も少ない州から選任される選挙人の数を超えてはならない。これらの選挙人は、各州が選任した選挙人に加えられ、大統領および副大統領の選挙の目的のためには、州によって選任された選挙人とみなされる。これらの選挙人は、同地区で集会して、修正第 12 条に規定される義務を遂行するものとする。

第２項　連邦議会は、適切な立法により、この修正条項を実施する権限を有する。

修正第 24 条［選挙権にかかわる人頭税の禁止］（1964 年成立）

第１項　合衆国またはいかなる州も、大統領もしくは副大統領の予備選挙その他の選挙、大統領もしくは副大統領の選挙人の選挙、または連邦議会の上院議員もしくは下院議員の選挙において合衆国市民が投票する権利を、人頭税その他の税を支払っていないことを理由にして奪い、またはこれを制限してはならない。

第２項　連邦議会は、適切な立法により、この修正条項を実施する権限を有する。

修正第 25 条［大統領の地位の継承］（1967 年成立）

第１項　大統領が免職され、死亡しまたは辞任した場合には、副大統領が大統領となる。

第２項　副大統領が欠けたときは、大統領が副大統領を指名し、指名された者は、連邦議会の両院の過半数の承認を経て、副大統領の職に就く。

第３項　大統領が、上院の臨時議長および下院の議長に対し、その職務上の権限および義務を遂行することができない旨を書面で通告したときは、

その後大統領が権限および義務を遂行することができる旨を書面で通告するまで、副大統領が臨時大統領としてかかる権限および義務を遂行する。

第4項［1号］ 副大統領、および行政各部の長または連邦議会が法律で定める他の機関の長のいずれかの過半数が、上院の臨時議長および下院議長に対し、大統領がその職務上の権限および義務を遂行できない旨を書面で通告したときは、副大統領は、直ちに臨時大統領として、大統領職の権限および義務を遂行するものとする。

［2号］ その後、大統領が上院の臨時議長および下院議長に対し、職務遂行不能状態は存在しない旨を書面で通告したときは、大統領はその職務上の権限および義務を回復する。但し、副大統領および行政各部の長または連邦議会が法律で定める他の機関の長のいずれかの過半数が、4日以内に、上院の臨時議長と下院議長に対し、大統領がその職務上の権限および義務を遂行できない旨を書面で通告したときは、この限りでない。この場合には、連邦議会は、開会中でないときには48時間以内にその目的のために集会し、問題を決定するものとする。連邦議会が、大統領が職務上の権限および義務を遂行することができない旨を通告する書面を受理してから21日以内に、または、連邦議会が開会中でないときは、集会の要請があってから21日以内に、両議院の3分の2の投票により、大統領はその職務上の権限および義務を遂行することができない旨を決議したときは、引き続き副大統領が臨時大統領としてかかる権限および義務を遂行する。かかる決議がなされなかった場合には、大統領はその職務上の権限と義務を回復するものとする。

修正第26条［投票年齢の引下げ］（1971年成立）

第1項 合衆国またはいかなる州も、年齢を理由として、年齢18歳以上の合衆国市民の投票権を奪い、または制限してはならない。

第2項 連邦議会は、適切な立法により、この修正条項を実施する権限を有する。

修正第27条※［連邦議員報酬の変更］（1992年成立）

上院議員および下院議員の職務に対する報酬を変更する法律は、つぎの下院議員の選挙が行われるまで、その効力を生じない。

※原文のタイトルは Article II であり、これは 1789 年に提案された修正条項の 2 番目のものが約 200 年かかって承認されたもの。通例 Amendment XXVII と呼ばれる。

2　カリフォルニア州刑事ディスカバリー法

The Criminal Discovery Act —— California Penal Code section 1054-1054.10

1054　この章は、下記目的に沿って解釈されるものとする。

記

（a）時期に適った公判前証拠開示により真実発見に寄与すること

（b）司法的強制に入る前の当事者間の非公式の証拠開示手続きにより司法における時間の浪費を回避すること

（c）公判における時間の浪費、頻繁な中断と延期を回避すること

（d）危険、不快及び手続きの不当な遅れから被害者と証人を保護すること

（e）他の州法及び合衆国憲法に定める場合を除いて、この章に規定する以外の証拠開示手続きが認められないようにすること

1054.1　検察官は、自己が所持するか、捜査機関が所持すると知っている下記証拠・情報の全てを、被告人またはその弁護人に開示しなければならない。

（a）公判に呼び出す予定の証人の名前および住所

（b）被告人の供述

（c）問責されている犯罪の捜査において取得された全ての物的証拠

（d）裁判の結果を左右する重要証人の信用性にかかる重罪犯罪歴

（e）無罪方向等の被告人に有利な証拠

（f）公判に呼び出す予定の証人の供述書面及び供述の録音。これには、法廷に顕出予定の当該事件にかかる専門家証人の供述、肉体的・精神的鑑

定結果、科学的鑑定結果、実験結果及び比較結果を含む。

1054.2 （a）（1）次号に定める場合を除いて、聴聞において正当な理由を示したうえで裁判所の許可を得ない限り、弁護人は前条（a）項により開示された被害者及び証人の住所及び電話番号を被告人、その家族、その他の者に示し、または、他の者をして示させてはならない。
（2）前号の定めに拘わらず、弁護人は裁判準備のため必要があるときは、被害者または証人の住所または電話番号を、弁護人の雇用する者又は弁護人の裁判準備を援助するために裁判所が指名した者に示し、または他の者をして示させることができる。ただし、弁護人はこの情報を示された者に対し、本条に定める場合のほかは他に拡散してはならないことを告げなければならない。
（3）弁護人、同人に雇用される者及び裁判所に指名された者が故意に本項に違反したときは、これを軽罪とする。
（b）本人訴訟の場合には、裁判所は、裁判所により定められた正当事由が示されない限り、消費者庁により認可され、かつ、裁判所により指名された私立調査員を通してのみ被告人の被害者または証人への接触を認めるか、または、その他相当の制限を課すことにより、被害者または証人の住所及び電話番号の秘匿を保護するように努めるものとする。

1054.3 （a）被告人及び弁護人は、以下につき、検察官にこれを開示しなければならない。
（1）公判に呼び出す予定の被告人以外の証人の名前、住所及びその供述書面及び供述の録音。これには、法廷に顕出予定の当該事件にかかる専門家証人の供述、肉体的・精神的鑑定結果、科学的鑑定結果、実験結果及び比較結果を含む。
（2）公判に顕出予定の物証。
（b）（1）法による異なる定めがない限り、裁判所は、刑事裁判における被告人、または、福祉・施設法602条により少年審判に付された少年が、手続きのいずれの段階であれ精神医療専門家の証言によりその精神状態を

争点にしようとする場合に、検察の時機に適った請求があるとき、当該被告人または少年に対し検察の指名する精神医療専門家の鑑定に服するように命じることができる。

（A）この場合の専門家の鑑定報酬及び同人の公判または審判における証言にかかる費用は検察がこれを負担するものとする。

（B）検察は、公判または審判において、検察側専門家により実施しようとする試験のリストを被告人に提出しなければならない。刑事裁判における被告人または少年審判に付された少年の請求があるときは、試験実施前に、提案された試験に対する異議につき審理するために聴聞が実施されるものとする。被告人・少年に対し鑑定に服するように命ずる前に、裁判所は、提案された試験が刑事裁判における被告人または少年審判に付された少年が争点とした精神状態と合理的関連性を有するかを判断しなければならない。本項における「試験」とは、医療上の面接・質問や精神状態の試験等、全ての評価技術を指すものとする。

（2）本条の目的は、立法府のみが、刑事裁判における被告人または福祉・施設法602条により少年審判に付された少年が精神状態を争点とした際に、被告人または少年に対し鑑定に服することを命ずる権限を裁判所に与えることができるとするVerdin V. Superior Court 43 Cal. 4th 1096事件判決に適合しようとするものである。同判決に応じて検察官指名の医療専門家による試験を命ずる権限を裁判所に付与すること以外に、いかなる意味にせよ、試験の実施やその結果の証拠採用についての手続法及び実体法に関するその他の判例法に対して干渉しようとする立法府の意図は存しない。

1054.4 本章は、本章発効日における法により有効とされている警察または検察の非証言証拠収集を制限するものと解釈されてはならない。

1054.5 （a）本章に定める以外に刑事法廷におけるディスカバリーが命ぜられることはない。本章は、被告人が検察官、事件捜査や訴訟準備を担当した法執行機関、検察官または捜査機関がその任務遂行のための補助と

して雇用した人や団体に対して情報の開示や作成を要求できるための唯一の手段である。

（b）各当事者は、本章の定める裁判所の開示命令を求める前に、非公式に相手方弁護士・検察官に対し求める資料・情報の開示を請求するものとする。当該請求後15日以内に求める資料・情報が提供されない場合は、請求当事者は裁判所に開示命令を求めることができる。1054.1条及び1054.3条に定める開示がなかったこと、及び、申立人が本条に定める非公式請求を履践したことを疎明したときは、裁判所は、即座の開示、法廷侮辱手続、証人の証言または証拠の顕出の延期または禁止、期日の延期、その他本章の定めを実現するための各種の命令を下すことができる。さらに、裁判所は陪審員に対し開示の不履行ないし拒否及び開示の遅延が存在したことに関し助言をすることができる。

（c）裁判所は、他の救済手段が尽きたときに限り、前項の証言の禁止を命じることができる。裁判所は、合衆国憲法により求められる場合でない限り起訴の却下をすることはできない。

1054.6　被告人及び検察官は、民事訴訟法2018.030条（a）項に定める職務成果、及び、州法ないし連邦憲法により秘匿特権を与えられている資料及び情報の開示を求められることはない。

1054.7　開示の否定、制限及び遅延を正当化すべき理由がないときは、本章に定める開示は遅くとも公判の30日前になされなければならない。公判30日以内に当事者に知れることになった、または、当事者が所持するに至った資料及び情報は、開示の否定、制限及び遅延を正当化すべき理由がないときは、速やかに開示されなければならない。本条の「正当化すべき理由」とは、被害者または証人に対する脅迫または危害の恐れ、証拠の喪失または破壊の恐れ、及び、その他の捜査に対する障害に限られる。

当事者の請求により、裁判所は、開示拒否ないし制限に関する正当理由の疎明手続につき、その全部または一部をイン・カメラ手続により実施することができる。この場合は、その手続きは逐語的に記録されなければな

らない。イン・カメラ手続により開示拒否ないし制限が認められたときは、裁判所はその手続きの全記録を封印し、保管しなければならず、また、上訴または人身保護請求（writ）あるときは、当該請求の継続する裁判所がこれを閲覧できるようにしなければならない。公判裁判所は、その裁量で、公判後または有罪判決後、それ以前に封印した記録を開封することができる。

1054.8 （a）1054.1条または1054.3条により相手方当事者から被害者または証人の名前の開示を受けた検察官、弁護人、それらの調査員及び被告人は、その被害者または証人に面会し、質問し、または話をするときは、最初に明確に自己紹介し、あるいは自己を雇用した機関のフルネームを明らかにし、さらに自己が検察官の立場にあるのか被告人の立場にあるのかを明らかにしなければならない。被害者または証人と直接会うときは、当事者は面接及び質問を開始する前に、その名刺、公的記章、その他の公的自己証明書を提示しなければならない。
（b）裁判所は、本条に違反する者に対しては、1054.5条に定める命令を発することができる。

1054.9 （a）死刑事案または仮釈放非適用終身刑事案に対する人身保護請求または判決無効申立手続において、公判担当弁護人からの開示を求める努力がしたが不成功に終わったことが疎明されたときは、裁判所は、（c）項に規定する場合を除いて、元被告人が（b）項に定める証拠・情報につき相当な利用ができるように命ずるものとする。
（b）本状における「証拠・情報」とは、元被告人が公判廷で入手することが認められたはずの、検察官及び法執行機関所持の証拠・情報を指すものとする。
（c）元被告人が（a）項に定める条件を満たしているとき、裁判所は、同人が救済されるために合理的に必要と信ずるに正当な理由があることの疎明がなされたときに限り、元被告人が鑑定目的の下、捜査、逮捕及び起訴に関係する物証その他の物証を利用することができることを命ずる

ことができる。判決確定後の DNA テストを目的とする証拠入手手続きは1405条によるものとし、本条はそれと異なる手段を提供するものではない。

（d）本条に基づく鑑定及び謄写の費用は、元被告人が負担しまたは償還しなければならない。

1054.10　（a）次項に定めるもののほか、検察官及び弁護人は、被告人、その家族及びその他のいかなる者に対しても、証拠となる子供のポルノ写真の写しを自ら開示し、または、他の者をして開示させてはならない。ただし、裁判所が、聴聞において正当な理由が示されたときに、個別にこれを許可したときはこの限りでない。

（b）前項の定めに関わらず、検察官及び弁護人は、開示が裁判手続き準備のために必要であれば、裁判手続きの準備のために自ら雇用する者または裁判所が指名する者に対し、証拠となる子供のポルノ写真の写しを自ら開示し、または、他の者をして開示させることができる。検察官または弁護人は、その開示を受けた者に対し、本条の定めに従って許される場合のほかは、開示された物を他の者に広めてはならない旨を告知しなければならない。

3　アメリカ法曹協会ディスカバリー基準案

American Bar Association Srandard for Criminal Justice

第1部　一般原則

Standard 11.1.1　公判前手続きの目的

（a）公判前手続きは、被告人の憲法上の権利に従い、

（i）刑事代替手続き（diversion）であれ、罪状認否手続きであれ、または、公判においてであれ、刑事事件最終処理を公正かつ迅速にすることを促進し、

（ii）被告人に罪状認否をするに必要かつ十分な情報を提供し、

（iii）公判に対する十分な準備ができるようにし、公判における不意打ちを最小限に抑え、

（iv）公判における中断や複雑化を減らし、手続き問題、随伴問題及び憲法上の問題を確認して、不必要かつ重複する公判を回避し、

（v）同様の状況下にある被告人間の手続き上及び実体上の不平等性を最小限のものとし、

（vi）書類上の作業の最小化、争点に関する重複主張の回避及び分離聴聞数の減少により、時間、費用、司法資源及び専門技術を効率化し、

ならびに、

（vii）被害者及び証人の負担の最小化を図るものである。

（b）前記の目的は、下記によって実施される。

記

（i）適切な開示の十分かつ自由な交換

（ii）できるだけ簡潔で効果的な手続

（iii）裁判手続進行促進に向けた手続き上の圧力

Standard 11.1.2　適用問題

本基準はすべての刑事手続きに適用される。軽微事案にあっては、当事者の適切な調査及び準備に支障がなければ、開示手続きは他に比較して制限されうる。

Standard 11.1.3　「供述」の定義

（ａ）本基準において、「供述書面」は以下のものを含む。

（ｉ）供述者によって作成され、署名され、または承認された（adopted）書面による供述

（ii）供述者によって明示的に署名されたか承認されたかに拘わらず、いかなる種類であれ、書面または録音に包含された、または要約された供述者の供述を実質的に含むもの。ここでいう実質的供述には、警察報告書及び捜査報告書に含まれる供述を含むものとし、弁護士職務活動成果を含まないものとする。

（ｂ）本基準における「口頭供述」とは、存在する書面または録音に反映されているか否かを問わず、いかなる形態であれ、供述者による供述の実質を持つものをいう。

第２部　検察及び被告人の開示義務

Standard 11.2.1　検察官による開示

（ａ）検察官は、公判前の定められた合理的期間内に、被告人側に対し、以下の情報及び資料を開示し、また、開示された書類及び物証の閲覧、謄写、検査及び写真撮影を許さなければならない。

（ｉ）検察官が所持するかその支配下にあり、主要被疑事実（the subject matter of the offence charged）に関連した被告人及び他の全ての相被告人（codefendant）の書面及び口頭による供述、ならびに、当該供述取得に関する書類。

（ii）被疑事実（the offence charged）に関する情報を有することが検察

官に知れたる人物の名前及び住所、並びに、検察官の所持するかその支配下にある当該人物の主要被疑事実に関連した供述調書。検察官はまた公判に召喚予定の全ての証人を特定しなければならない。

（iii）検察官と検察官が公判に召喚を予定する証人の間に何らかの関係があれば、両者間の約束の性質と合意形成環境、当該証人が検察官に協力するないし検察官のために証言する誘因となる両者間の了解ないし利害（representation）を含めたその関係。

（iv）身体または精神検査の結果、科学的試験、実験または比較の結果を含む、事件に関係する専門家の全ての報告書または供述書面。検察官は公判への召喚予定の専門家につき、その専門家の履歴書、予定される証言の実質的内容の記載書面、意見及びその意見の元となる基本事項（the underlying basis of that opinion）を被告人側に明らかにしなければならない。

（ｖ）事件に関係する、または、被告人のために取得しないし被告人に属する書籍、文書、書類、写真、建造物、場所その他の物的証拠。さらに検察官は公判に証拠提出予定のこれらの物を特定しなければならない。

（vi）被告人及び相被告人の前科、未決事件及び執行猶予に関する記録、ならびに、公判予定証人（いずれの当事者の召喚予定者であるかを問わない。）弾劾用に用いうる検察官に知れたる前科、未決事件及び執行猶予に関する記録。

（vii）事件に関係する整列面通し（lineups）及び個別面通し（showups）ならびに写真または声による人物特定に関する資料、書類または情報。

（Ⅷ）検察官の所持するかその支配下にある、被告人の被疑事実を否定するかその刑罰を軽減する方向での資料または情報。

（ｂ）検察官は、性格、評判または言動についての証拠を利用する意図があるときは、被告人側に対しその旨及び利用する証拠の要点を知らせなければならない。

（ｃ）警察ないし検察（the investigation or prosecution）による被告人の会話または邸宅が電子的監視（盗聴を含む）下に置かれたことがあるときは、検察官はそのことを被告人側に知らせなければならない。

（d）法廷顕出予定の物的証拠が捜索・差押えにより取得されたものであるときは、検察官は被告人側にそのような取得過程に関する情報、書類その他の資料を開示しなければならない。

Standard 11.2.2　被告人側の開示義務

（a）被告人側は、公判前の定められた合理的期間内に、検察官に対し、以下の情報及び資料を開示し、また、開示された書類及び物証の閲覧、謄写、検査及び写真撮影を許さなければならない。

（i）被告人側が召喚予定の証人（被告人を除く）の名前、住所、被告人側が所持または支配下に置き、かつ、当該証人の証言概要に関連するその供述書。検察官側証人の弾劾のみを目的として召喚請求される証人の特定及びその供述は、当該検察官側証人の公判における証言が終了するまで開示を求められることはない。

（ii）公判への召喚予定の専門家による、法廷顕出予定の身体的または精神的検査の結果、科学的試験、実験または比較の結果を含む、事件に関係する全ての報告書または供述書面。すべての専門家証人について、被告人側は検察官に対し、その専門家の履歴書、予定される証言の実質的内容の記載書面、意見及びその意見の元となる基本事項を明らかにしなければならない。

（iii）被告人側が証拠として法廷顕出予定の書籍、文書、書類、写真、建造物、場所その他の物的証拠。

（b）被告人側は、性格、評判または言動についての証拠を利用する意図があるときは、検察官に対しその旨及び利用する証拠の要点を知らせなければならない。

（c）被告人側は、アリバイまたは責任無能力を主張しようとするときは、検察官に対し、その旨及びその主張の裏付けのために召喚予定の証人の名前を知らせなければならない。

Standard 11.2.3　被告人自身に関する開示義務

刑事裁判手続きが開始された後は、被告人は検察官の要求があれば、指

紋採取、写真撮影、筆跡採取または音声採取のため、さらに、人物特定目的での整列面通しおける外見、動作及び話し方確認のため、また、衣服その他の物の着用をするため、定められた時に出頭しなければならない。このような目的のために被告人に出頭を求めるときは、検察官は被告人及び弁護人に合理的な出頭時間及び場所についての通知をしなければならない。
（ｂ）被告人及び弁護人に対する適正な通知を伴う検察官の申立があるときは、裁判所は被告人に対し適切な方法で（upon an appropriate showing）以下の目的のために出頭を命じなければならない。
（ⅰ）血液標本、尿、唾液、呼気、毛髪、爪及び爪の下の物質採取
（ⅱ）人体の他の部分の標本採取
（ⅲ）人体の身体的または医学的な合理的検査
（ⅳ）他の合理的かつ適切な手続への参加
（ｃ）本条（ｂ）項による申立及び命令は適宜、下記の情報につき明らかにしなければならない。

記

認可された手続き、被告人参加の範囲、手続きを実施する者の名前と職位、並びに、手続きが履行される日時、所要時間、場所及びその他の条件
（ｄ）裁判所は、以下の条件を確認したときは、本条（ｂ）項に定める命令を発しなければならない。
（ⅰ）明示された手続きへの被告人の出頭が当該事件の争点の決定に重要であること。
（ⅱ）手続きが合理的であり、人体への不合理な侵襲を伴わない方法または個人の尊厳を不当に害さない方法で実施されること。
及び
（ⅲ）出頭要求（the request）が合理的であること。
（ｅ）精神鑑定において裁判所が異なる命令をした場合を除いて、弁護人は以上の手続きに同席することができる。

第３部　特殊開示手続

Standard 11.3.1　第三者からの非供述情報の取得

（a）いずれかの当事者の申立がある場合に、裁判所はその請求にかかる証拠が当該事件の争点の決定に重要であると信ずるにつき正当な理由があると思料するときは、公判前に以下の目的のために強制的手続きを命じなければならない。
（i）当該事件の当事者でない者の所有にかかる書類その他の物の取得。
（ii）当該事件の当事者でない者の所有にかかる、またはその支配下にある不動産に立ち入る許可。この命令は、政府が問題となる不動産に立ち入るに際し求められる基準を満たすときに発せられる。
（iii）指紋採取、写真撮影、筆跡採取または音声採取、人物特定目的での整列面通しおける外見、動作及び話し方確認、衣服その他の物の着用要求、血液標本、尿、唾液、呼気、毛髪、爪、その他身体からの物質採取、身体の物質的または医学的検査、その他合理的かつ適切な手続きへの参加要求。この命令は、以下の条件を満たしたときに発せられるものとする。
（1）手続きが合理的であり、人体への不合理な侵襲を伴わない方法または個人の尊厳を不当に害さない方法で実施されること。
及び
（2）手続きへの協力要求（the request）が合理的であること。
（b）本条の申立及び命令は適宜、下記の情報につき明らかにしなければならない。

記

認可された手続き、第三者参加の範囲、手続きを実施する者の名前と職位、並びに、手続きが履行される日時、所要時間、場所及びその他の条件
（c）本条に定める強制手続きにより影響を受ける者は、手続きに従うことが不当な負担となること、非開示特権を有するかその他の理由により開示義務を免れる資料の開示を求められること、その他不合理であることを理由に、破棄を求める権利及びそのための申立をする合理的機会を与えられなければならない。

Standard 11.3.2　証拠保全及び専門家による検査と評価
（a）当事者が本基準によれば開示義務の対象になる物または情報を破壊

ないし他に移転しようとするときは、当該当事者は他方当事者に対し異議申立その他の適当な手続きを取るのに十分な時間的余裕を与えてその旨を知らさなければならい。

（b）当事者は、その申し立てにより、他方当事者が所有するかその支配下に置く開示の対象となる物的証拠の評価または検査を実施することが認められるものとする。その申立は、実施される検査または評価の性質、検査または評価を実施する専門家の名前と資格、検査が実施される資料を明らかにして、これをしなければならない。裁判所は、検査または評価される資料につき、その指名する専門家が検査または評価するに当たってこれを入手できるようにするための措置を命ずることができる。この場合に、

（i）裁判所は、検査または評価される資料の性質が害されないための条件を付しなければならない。

（ii）当該資料が密売品または禁制品であるときは、当該資料を管理する当局は検査実施中立ち会わせるべき者を指名することができる。

第4部　開示時期と方法

Standard 11.4.1　適切な開示時期

（a）いずれの法域も、開示が履行されるべき期限を設定するべきである。その期限は、実行可能なできるだけ早い時期に開示手続きが開始できるよう設定されるべきである。その期限は、各当事者が開示された情報を公判準備のために適切に利用できるに十分な時間的余裕のある段階で開示手続きが終了されるよう設定されるべきである。

（b）各法域で設定される期限は、原則的な順番として、検察官の開示が被告人側のそれより先んずるよう設定されるべきである。被告人側は検察官の開示がなされた後にそれに相応する開示をするよう求められるべきである。

（c）各当事者は他方当事者に対して引き続き開示可能となった資料の開示をする義務を負う。本基準またはそれに基づく裁判所の命令の順守の結果開示されるべき資料ないし情報が発見されたときは、その当事者は他方当事者に対して速やかにその存在を通知しなければならない。追加資料な

いし情報が公判中または公判後に発見されたものであるときは、発見した当事者は裁判所にその旨を通知しなければならない。

Standard 11.4.2　開示実施方法

開示は当事者間の同意でいかなる方法でも実施できる。合意がないときは、開示義務を負う当事者は以下のことをなすべきである。

（a）他方当事者に対し、概括的表現で特定した資料ないし情報につき、特定の合理的期間内に、これを閲覧、入手、検査、謄写または写真撮影できることを通知すること。

（b）他方当事者が定められた時にそれらの資料や情報及び適切な施設の入手及び利用を可能にし、その他、それらの資料ないし情報を検査、試験、謄写及び写真撮影をするための適切な準備をすること。

Standard 11.4.3　開示可能資料の収集義務

（a）本基準における検察官及び弁護人の義務は、検察官または弁護人の職員、検察官または弁護人に定期的に報告する者、及び、当該事件に関して検察官または弁護人に報告した者が所持するか管理する資料ないし情報に及ぶ。

（b）検察官は、被告人及び当該被疑事実に関係ある資料ないし情報が捜査官から提供されるように合理的努力をしなければならない。

（c）検察官は、自己が所持するとすれば開示できる情報が自己に直接報告されずに他の政府機関に所持ないし管理されていることを知ったときは、被告人側に対し、その情報の存在を知らさなければならない。

（d）一方の当事者が所持ないし管理下にあれば開示されうる資料ないし情報が第三者の所持ないし管理下にあるとき、その要求と特定に従って、開示を請求された当事者は誠意をもって真剣に相手方当事者がその資料を入手できるよう努力しなければならない。その努力が奏功せず、かつその資料が裁判所の土地管轄下にあるとき、裁判所はその資料が請求した当事者に入手可能となるに相応しい提出命令（subpoena）を発しなければならない。

（e）以上の基準によって利用可能とならない資料が事件の準備に重要であるときは、裁判所は当該特定の資料ないし情報の開示を命ずることができる。

第５部　証言録取

Standard 11.5.1　証言保全のための証言録取

（a）被告人を公判に付すための起訴状（indictment または information）が提出された後に、被告人側または検察官からの申し出があるとき、裁判所が予定される証人が重病またはそれに相当する重大な理由のために出廷し証言することができないと信ずるに理由があり、かつ、裁判の公正のためにその証言を得ることが必要であると認めたとき、裁判所は予定証人の重要な証言を保全するために証言録取書の作成を命ずることができる。申立てはその理由が証明されるか宣誓供述書により根拠が裏付けられなければならない。

（b）裁判所は、証言録取命令書において、証言録取の時にその場所に、免責特権を有するもの以外の指定された本、文書、書類または有体物を提示することを求めることができる。

（c）裁判所は、証言録取時に被告人が在席できる条項を設けなければならず、被告人の証人対峙権を保障するためのその他の規定を置かねばならない。

（d）証言録取書及びその手続きで取得された証拠は、これを証拠法則に従って公判で顕出することができる。ただし、証言録取の対象となった証人が出廷できるときは、証言録取書はそれが矛盾供述として利用されたり弾劾証拠として用いられる場合を除いて証拠とされたり朗読されてはならない。

Standard 11.5.2　証拠開示としての証言録取手続

（a）裁判所は、検察官または被告人側の請求により、以下の疎明があったときは、被疑事実に関係する情報につき、被告人以外の者に対する口頭尋問による録取書作成を命じなければならない。

（i）相手方当事者による証人の名前及び住所の開示によって証言録取対象者となる者の名前が請求者側当事者に知れるに至ったこと、または、請求者側当事者による事件調査によってその名前が明らかになったこと。
（ii）不意打ち防止のために必要な証言録取対象者となる者の知識に関する書面またはその要約が請求者側当事者に交付されないこと。
（iii）請求者側当事者が当該証人から任意による口頭または書面による供述を取得するための合理的努力をするも、当該証人が任意による供述を提供することを拒んだこと。

及び、

（iv）証言録取をすることが公正な裁判に必要であること。
（b）裁判所が疎明された正当な理由に基づいて出頭を命ずる場合を除いて、被告人は証言録取に在席しないことができる。
（c）証拠開示としての証言録取手続は、尋問範囲を含めて、証言録取に関する刑事訴訟手続きの定めに従わなければならない。
（d）両当事者の明示の合意がある場合を除いて、証拠開示としての証言録取書は公判において被録取者の証言に対する矛盾供述証拠ないし弾劾証拠として以外の使用は許容されない。
（e）証言録取を求められた者は、証言録取手続に従うことが不当な負担となるか、非開示特権を有するかその他の理由により開示義務を免れる資料の開示を求められことになるか、その他不合理であることを根拠として、請求を却下することを求める権利を与えられなければならない。

第６部　開示に関する一般規定

Standard 11.6.1　開示の制限

（a）法律調査並びに検察官、弁護人及びその法律職職員の意見、理論または結論を含む記録、書簡またはメモの開示を求めることはできない。
（b）情報提供者を特定する情報は、それが検察官の秘密情報であり、その情報が開示されないことが被告人の憲法上の権利を侵害するものでないときは、その開示を求めることはできない。聴聞手続または公判においては証人を特定する情報の開示は否定されてはならない。

（ｃ）開示が国家の安全に深刻な打撃を与える恐れがある場合に、その情報が開示されないことが被告人の憲法上の権利を侵害するものでないときは、その開示を求めることはできない。聴聞手続または公判においては証人または資料に関する情報の開示は否定されてはならない。
（ｄ）弁護人・被告人間の接見内容及び州憲法、連邦憲法、法律その他の法により開示が免除されている物の開示を求めることはできない。
（ｅ）裁判所は、開示が何人かに対する身体的傷害、威迫、または贈収賄をもたらす実質的危険があり、かつ、その危険の回避が開示の有用性に勝ると認めるときは、開示を否定し、延期し、または、開示に条件を付することができる。

Standard 11.6.2　開示手続内で示された事実の公判における証拠許容性

開示手続き中に当事者が特定の証拠を申請する意図または特定の証人の喚問を請求する意図を示したという事実は、聴聞手続または公判における証拠として認容されない。

Standard 11.6.3　調査妨害

検察官、弁護人またはそれぞれの補助者は、事件に関連する資料や情報を有する者（被告人を除く）に、相手方弁護人または検察官と事件について話すこと、または、関係資料を提示することをしないように助言してはならず、その他、相手方の調査を妨害してはならない。

Standard 11.6.4　資料の管理

検察官及び弁護人は、本基準に従って提供された資料は公判準備目的及び公判遂行目的以外に使用してはならず、裁判所の定める基準及び条件に従って管理しなければならない。

Standard 11.6.5　保護命令

裁判所は、開示請求ができる資料や情報が検察官または弁護人によって有効に使用されうる時間的余裕をもって開示される限り、疎明された理

由に基づいて、いつにても、特定の開示につき、これを制限し、保護措置に従うよう条件を付し、開示の延期を命じ、または、その他の適当な命令を発することができる。

Standard 11.6.6　部分非開示

本基準に従って開示すべき部分と非開示とすべき部分がある資料や情報については、開示されるべき部分が開示されなければならない。開示した当事者は、他方当事者に非開示部分が留保されたことを通知しなければならず、当該非開示部分は封印され、裁判所記録内に保管され、かつ、上訴裁判所に入手可能とされねばならない。

Standard 11.6.7　イン・カメラ手続

何人も、裁判所に対し、開示拒否ないし制限のための理由の疎明の一部ないし全部をイン・カメラ手続でなすべきことを求めることができる。その場合は、法廷手続及びイン・カメラ手続の両者ともが記録化されねばならず、イン・カメラ手続における疎明によって開示免除となった場合の疎明に含まれるすべての秘密部分は封印され、裁判所記録内に保管され、かつ、上訴裁判所に入手可能とされねばならない。

第７部　救済・制裁

Standard 11.7.1　救済・制裁

（ａ）適用されるべき規則及びこれに従って発された命令が速やかに順守されない場合、裁判所は以下の内の一つまたは二つ以上の措置を取らねばならない。

（ⅰ）義務違反当事者に対し非開示となっている資料または情報の開示を命ずること。

（ⅱ）審理期日を延期すること。

（ⅲ）被告人の防御権を侵害せず、かつ、各当事者にとって不公正な結果とならぬ範囲で、義務違反当事者の証人喚問請求権または開示されなかった資料の証拠調べ請求を不許可とすること。

及び、ないし、または
（iv）諸状況に応じたその他の命令を発すること。
（b）検察官または弁護人が開示規則や命令に意図的に違反したと認められるときは、裁判所は当該検察官または弁護人を法廷侮辱を含む適切な懲戒手続に付すことができる。

検察にとっての公正な刑事手続き

Standard 3.5.4　情報及び証拠の特定と開示

（a）検察官は、起訴前はもとより起訴後も、公訴事実を否定する可能性のある、公訴事実の悪質性を弱める可能性のある、検察側証人や証拠を弾劾しうる、あるいは、仮に有罪となった場合の被告人に有利な情状となりうる検察官や捜査機関の手元にある情報を誠意をもって特定するように努めなければならない。
（b）検察官は、事件に関与する政府側職員に対し、上記（a）に述べた情報を特定し、保存し、これを検察官に明らかにする義務を引き続き履行するよう、誠意をもって奨励しなければならない。
（c）検察官は、裁判所の保護命令によりその義務が免除されない限り、刑事事件の公判前に、手続きの結果に影響する可能性の有無についての自己の認識に拘わらず、自己の知りえた上記（a）に述べた情報を適時に被告側に開示しなければならない（有罪答弁前の開示については後記基準3-5-6（f）を見よ。）。検察官は、必要以上に多量の資料に本基準に該当する情報をそれと特定しないで紛れ込ませて故意に目立たなくするよう試みてはならない。
（d）検察官の情報特定・開示義務は、当該事件が継続する限り存続するものとする。
（e）検察官は、裁判所による認可を得た場合を除いては、法的に適切な開示請求に適時に回答し、法的に適切な開示義務を履行するよう誠意をもって努めなければならない。被告人側が特定の情報の開示を求めたときは、検察官は開示義務の一般的認識を示すのみではなく当該特定性に応じた回答をしなければならない。開示請求とこれに対する回答は、型通りの

ものであってはならず、個別事件に対応するものでなければならない。

（ｆ）検察官は、捜査過程で収集した物証につき、被告人側に速やかにこれを特定・開示するよう努め、かつ、これを確認調査する合理的な機会を与えなければならない。

（ｇ）検察官は、自己の立証事項に不利または被告人側に有利であると考えられることを理由に、その情報または証拠捜査を回避しようとしてはならない。

（ｈ）検察官は、新しい法律の規定、規則または裁判例が情報開示につき規定しまたは制限することがないかを確認し、裁判所の命令がなくともこれらに従わなければならない。

Standard 3.5.5　情報及び証拠の保存管理
（ａ）検察官は、下記情報等につき、刑事裁判を通して、あるいはその後も、これを保存する合理的努力をしなければならず、かつ、検察補助者に対してその保存管理を命じなければならない。

記

（ｉ）証拠能力の有無にかかわらず、捜査及び起訴に関連した証拠
（ii）基準 3-5-4（ａ）に従って特定された情報、
及び、
（iii）捜査及び起訴の過程でなされた検察官による重要な決定及び判断を支持するその他の資料
（ｂ）検察官事務所は上記資料保存管理のための方法と期間に関する方針を向上させていかなければならない。そのような方針は当該法域で適用されうる規則や法律（公記録法等）に適合的でなければならない。そのような方針や個別の保存決定は、各事件の性格と重要性、当該証拠ないし情報の特質、有罪判決後の上訴等の可能性及び保存管理に利用できる資源を考慮して定めるものとする。物証は、その法的性格と有用性を損なわない合理的方法により保存管理されるものとする。

（ｃ）資料は、少なくとも刑事事件が最終決着するか、上訴手続きが終了しさらなる異議手続申立期間が終了するまで保存管理するものとする。重

罪事件においては、資料は、確定有罪判決に対する争訟（post-conviction litigation）の結論が出るまで、または、その争訟のための期間制限が経過するまで保存されるものとする。死刑事件については、情報は判決が執行されるまで、または、執行がされなくなるまで、保存管理されるものとする。
（d）検察官は、証拠保存管理に関する新たな法律、規則及び判例に従わなければならない。

Standard 3.5.6　合意による事件処理
（f）検察官は、最終合意をする前に、被告人側に対し、提案された合意の前提となる犯罪事実を支持するに値する事実的基礎及び現状において検察官に知れたる有罪を否定する可能性のある、有利な情状に関する、または、減刑をもたらしうる情報を提供しなければならない。

弁護人にとっての公正な刑事手続き

Standard 4.4.5　開示手続き順守
弁護人は法的に適切な請求がなされたときは時期に適った証拠・情報の開示をしなければならず、法的開示義務に誠実に対応する努力をするものとする。ただし、裁判所がこれと異なる判断をしたときはこの限りでない。検察官が特定の情報の開示を求めたときは、弁護人は開示義務の一般的認識を示すのみではなく当該特定性に応じた回答をしなければならない。開示請求とこれに対する回答は、型通りのものであってはならず、個別事件に対応するものでなければならない。

4　ノースカロライナ州証拠開示法

NORTH CAROLINA DISCLOSURE STATUTE

15条Aの903　州による証拠開示――開示対象情報

（a）被告人の請求あるとき、裁判所は州に対し以下のことを命じなければならない。

（1）被告人に対し、犯罪捜査及び被告人の訴追に関与した全ての法執行機関及び検察機構の有する全ての資料を利用可能にすること。ここに言う「資料」とは、被告人の供述、相被告人の供述、証人の供述、捜査官のメモ、検査や鑑定の結果、または、被告人により犯されたとする犯罪の捜査中に取得された資料や証拠を含む。「検察機構」には発生した犯罪の捜査または被告人の訴追と関連して法執行機関や検察官のために情報を取得する公的または私的機関を含む。口頭の供述は、書面または録音形式によるものとする。ただし、法執行官または捜査官の在席しないところでの検察官になされた証人の供述は、それが当該証人によりなされた以前の供述と比較して重要な点で新たな、または異なる情報を含む場合を除いて、書面または録音形式によることを要しない。被告人は本号に定めるいずれの資料についても、これを調査し、謄写し、及び、撮影する権利を有し、本号に定めるいずれの物的証拠または標本についても、適切な保護措置のもとに、これを調査し、鑑定しまたは検査する権利を有する。

（2）州が公判に召喚するであろうと合理的に予想される専門家証人について被告人側に通知すること。当該専門家証人は検査または鑑定の結果の報告書を作成し、州はこれを被告人側に提供するものとする。州はさらに被告人側に対し専門家証人の履歴、その意見、及び、当該意見の基礎も提供しなければならない。州は裁判所によって定められた公判前の相当期間

内に本項に定める資料を提供しなければならない。

（3）陪審員選任手続開始時に、州が公判中に召喚するであろうと合理的に予想される全ての証人の名簿を被告人側に提供すること。州が封印した裁判所宛書面にて、開示すると証人その他の者に対し肉体的または重大な経済的打撃ないし抑圧をもたらすこと、ないしは、非開示にすることに特定のやむに已まれぬ必要性があること証明したときは、証人の名前は開示されない。証人名簿提出時に召喚するであろうと合理的に予想されず、その結果として現に名簿に登載されなかった証人につき、そのことに悪意がなかったことが示されたときは、裁判所は当該証人の喚問を許可するものとする。また、裁判の公正を期すために必要があるときは、裁判所はその裁量に基づいて名簿不搭載の証人の証言を許可することができる。

（b）州が任意にG.S. 15A-902(a)に基づく開示をするときは、当該開示範囲は本項（a）項による開示の場合と同様のものとする。

（c）州の請求あるときは、本条及びG.S. 15A-902(a). (1973, c. 1286, s. 1; 1975, c. 166, s. 27; 1983, c. 759, ss. 1-3; 1983, Ex. Sess., c. 6, s. 1; 2001-282, s. 5; 2004-154, s. 4; 2007-183, s. 1; 2007-377, s. 1; 2007-393, s. 1.)の順守のため、法執行官及び検察機関は発生した犯罪の捜査または被告人の訴追と関連する全ての資料の完全な写しを州が入手できるようにしなければならない。

15条Aの904　州による開示——非開示情報

（a）州は、検察官または検察官法律補助員が作成した証人尋問、陪審員予備審問、冒頭陳述及び最終弁論を含む公判手続準備目的の法律関係資料を開示する義務を負わない。法律調査記録並びに検察官または検察官法律補助員が準備した記録、通信文、報告書、メモまたは公判準備質問ノートでそれが検察官または検察官法律補助員の意見、理論、戦略または結論を含むものも同様である。

（a 1）州は、他に法律で定める場合を除いては、機密の情報提供者特定情報を開示する義務を負わない。

（a 2）州は、裁判所が被告人側の申し立てに基づいて証人の特定または所在確認のために追加情報の開示を命ずる場合を除いて、証人の氏名、住

所、生年月日及び公開されている電話番号以外の証人特定情報を開示する義務を負わない。
（b）本条は、州が裁判の公正のために任意に開示すること、及び、裁判所が本条による開示拒否権の放棄を認定することを禁ずるものではない。
（c）本条は、連邦憲法または州憲法を順守する義務に影響しない。

15条Aの905　被告人側の開示——開示対象情報
（a）書類及び物証　G.S. 15A-903により裁判所が被告人側の開示請求を認めたときは、裁判所は州の申立により、被告人側に対し、被告人側が所有し、所持し、または管理し、被告人側が公判に証拠として提出予定の書籍、書類、書証、写真、動画、機械的または電磁的録音、物証、またはそれらのコピーの全部または一部につき州が調査、謄写または撮影することを許可するよう命じなければならない。
（b）鑑定及び検査の報告書　G.S. 15A-903により裁判所が被告人側の開示請求を認めたときは、裁判所は州の申立により、被告人側が公判に証拠として提出予定であるか、または、被告人側が公判に召喚予定の証人が用意したものでそれがその証言に関係する、被告人側が所有しまたはその管理下にある身体的または精神的鑑定または検査、事件に関係する測定ないし実験の結果書面もしくはその報告書またはそれらのコピーにつき州が調査、謄写または撮影できるように命じなければならない。さらに、裁判所は州の申立により、被告人側が証拠として公判に提出予定であって被告人側が入手可能な身体的証拠またはその標本を適切な保護措置の下に、並びに、それに関連して法廷に証拠または検証物として顕出予定の検査結果または実験結果を、州が調査、謄写または撮影することを許可するよう命じなければならない。
（c）防御方針、専門家証人、証人名簿の通知
G.S. 15A-903により裁判所が被告人側の開示請求を認めたとき、または、州がG.S. 15A-902(a)に従って任意に開示手続きを取ったときは、裁判所は州の申立により、被告人側に対して以下のことを命じなければならない。
（1）公判でアリバイ、強制、罠、心神喪失、精神虚弱、心神耗弱、予見

不可能、無意識動作、非意図的酩酊、または意図的酩酊の主張をしようとするときは、そのことを州に通知すること。本号で定める防御方針通知は被告人に不利な証拠としては許容されない。防御方針通知は to G.S. 7A-49.4 に従って公判が設定された日の後の労働日 20 日以内か、それより遅い裁判所の指定した時までにしなければならない。

a．アリバイ主張については、裁判所は州の申立に基づいて、公判期日の遅くとも２週間前にアリバイ証人の特定事項につき開示することを命ずることができる。この開示が命ぜられた場合に、相当の理由があるときは、裁判所は州に対し、公判期日１週間以上前にアリバイに関する反証証人の開示を命ずるものとする。当事者の合意があれば、裁判所は、公判期日よりも相当程度前の上記とは異なる期間を設定することができる。

b．強制、罠、心神喪失、精神虚弱、無意識動作または非意図的酩酊を防御方針とする場合に限り、被告人側の通知はその防御の性質及び程度に関する個別情報を含むものとする。

（２）被告人側が公判に召喚するであろうと合理的に予想される専門家証人を州に通知すること。当該専門家証人は検査または鑑定の結果の報告書を作成し、被告人側はこれを州に提供するものとする被告人側。被告人側はさらに州に対し専門家証人の履歴、その意見、及び、当該意見の基礎も提供しなければならない。被告人側は公判前の裁判所によって定められた公判前の相当期間内に本号に定める資料を提供しなければならない。

（３）陪審員選任手続開始時に、被告人側が公判中に召喚するであろうと合理的に予想される全ての証人の名簿を州に提供すること。被告人側が封印した裁判所宛書面にて、開示すると証人その他の者に対し肉体的または重大な経済的打撃ないし抑圧をもたらすこと、ないしは、非開示にすることに特定のやむに已まれぬ必要性があること証明したときは、証人の名前は開示されない。証人名簿提出時に召喚するであろうと合理的に予想されず、その結果として現に名簿に登載されなかった証人につき、そのことに悪意がなかったことが示されたときは、裁判所は当該証人の喚問を許可するものとする。また、裁判の公正を期すために必要があるときは、裁判所はその裁量に基づいて名簿不搭載の証人の証言を許可することができる。

（d）被告人側が任意に G.S. 15A-902(a) に基づく開示をするときは、当該開示範囲は本項（c）項による開示の場合と同様のものとする。

15条Aの906　被告人側による証拠開示——開示対象とならない証拠

G.S. 15A-905(b) による場合を除いて、本章は被告人、弁護人または調査や弁護活動のための職務に従事する者により作成された報告書、メモその他の被告人側内部文書、並びに、被告人、その代理人または弁護士に対してなされた被告人、検察側または被告人側証人、検察側または被告人側証人予定候補者の供述の開示や調査を規定するものではない。

15条Aの907　継続的開示義務

本章に基づき開示を求められ、または任意に開示をする当事者が、公判前または公判中に、新たな証拠または証人を見出したとき、並びに、新たな証拠または証人を使用することを決めたときは、それらが本章に基づく開示または検査の対象であるときは、当該当事者は相手方当事者に対し速やかにその存在を通知しなければならない。

15条Aの908　開示規制——保護命令

(a) 裁判所は、開示により身体的危害、脅迫、賄賂提供、財産的報復、不必要な迷惑行為又は嫌がらせが予想され、その他相当の理由があるときは当事者の申立に基づき、いつにても、開示または調査を中止し、制限し、延期し、またはその他の適切な措置を命ずることができる。当事者は保護命令のための相手方抜き審理を求めることができる。相手方抜き審理が採用されたときは、相手方当事者は、審理の対象を非開示にした上で当該手続きが開始されたことを知らされるものとする。

(b) 本項 (a) に基づいて開示制限等を求める当事者は、その相当性を支持する宣誓供述書や供述書を裁判所に提出するに当たってイン・カメラ手続で審理することを求めることができる。裁判所がその後に本項 (a) による開示制限等を認容したときは、イン・カメラ手続において提出された資料は、控訴がなされたときの控訴審裁判所がこれを入手できるように

するため、封印され、裁判所の記録庫に保管されねばならない。

5　連邦刑事訴訟法　規則16　ディスカバリー及び調査

Federal Rules of Criminal Procedure

規則16　ディスカバリー及び調査

（a）政府（ここでは政府を代表する検察官をいう—訳者注）**による開示**

（1）開示対象情報

（A）被告人の口頭供述

被告人の請求があれば、政府は被告人に対し、逮捕の前後を通じて被告人が政府職員と知っている者による取り調べに応じてなされた被告人の関連供述を、政府がそれを法廷に顕出する意図がある限り、開示しなければならない。

（B）被告人の録音されたまたは書面化された供述

被告人の請求があれば、政府は被告人に対し、以下の全てのものを開示し、調査、謄写及び撮影の機会を与えなければならない。

（ⅰ）被告人の書面化されたまたは録音された関連供述であって、

・その供述が政府の所有、所持または支配下にあり、かつ、

・政府側弁護士がその供述の存在を知りまたは相当の注意をすれば知り得るもの。

（ⅱ）書面化された記録であって、逮捕の前後を通じて被告人が政府職員と知っている者による取り調べに応じてなされた被告人の関連供述を実質的に含む部分。

（ⅲ）大陪審においてなされた被告人の被告事件に関連する記録化された証言。

（C）団体である被告人

団体である被告人の請求があれば、そして、政府が供述作成者につき以下の主張をするときは、政府は被告人に対し、規則 Rule 16（a）（1）（A）及び（B）に定めるものを開示しなければならない。

（ⅰ）その者が被告人の理事、幹部、従業員または代理人であるため、その供述が被告人に対して法的拘束力を有すること、または、

（ⅱ）その者が被告事件の犯行に関与し、かつ、その者が被告人の理事、幹部、従業員または代理人であるため、その関与が被告人に対して法的拘束力を有すること。

（D）被告人の前歴

被告人の請求があれば、政府は被告人に対し、政府の所有、所持または支配下にあり、政府側弁護士がその供述の存在を知りまたは相当の注意をすれば知り得る被告人の前科・前歴の記録の写しを提供しなければならない。

（E）書類及び有体物

被告人の請求があれば、政府は被告人に対し、政府の所有、所持または支配下にあり、以下のいずれかに該当する書籍、新聞、書類、データ、写真、物、建物、土地、それらの写し、または、それらの一部の調査、謄写または撮影を許可しなければならない。

（ⅰ）それが被告人の防御の準備に必要であるとき、

（ⅱ）政府が公判で立証のためにそれを使用する意図を有するとき、または、

（ⅲ）それが被告人から取得したか被告人の所有物であるとき。

（F）鑑定及び試験の結果

被告人の請求があれば、政府は被告人に対し、以下の条件を満たす身体ないし精神鑑定、科学的試験や実験の結果や報告書の調査、謄写または撮影を許可しなければならない。

（ⅰ）それが政府の所有、所持または支配下にあり、

（ⅱ）政府側弁護士がその供述の存在を知りまたは相当の注意をすれば知り得、かつ、

（ⅲ）それが被告人の防御の準備に重要性を有するか政府が公判で立証のためにそれを使用する意図を有するとき。

（G）専門家証人

被告人の請求があれば、政府は被告人に対し、公判で立証のために連邦証拠規則 702、703 または 705 の定め（専門家証人の意見開陳の可否や基礎事実等の開示等—訳者注）に基づいて使用する意図のある証言の概要を提供しなければならない。政府が本条（b）（1）（C）（ⅱ）に基づいて開示を請求し、被告人がこれに応じたときは、政府は被告人に対し、その請求に基づき、被告人の精神状態に関し公判で連邦証拠規則 702、703 または 705 の定めにより証拠として使用する意図のある証言の概要を提供しなければならない。本節により提供される概要には証人の意見、意見の基礎と理由及び証人の資格を記載しなければならない。

（2）開示除外情報

規則 16（a）（1）（A）-（D），（F）及び（G）に定める場合を除いて、本規則は事件の捜査及び起訴に関係して法律家が政府または政府機関のために作成した報告書、メモまたはその他の内部文書の開示または調査を許可することを政府に義務付けるものではない。また、本規則は 18 U.S.C. §3500（政府側証人となる可能性のある者による供述は一定の時期以降は開示等の対象になるとの規定。「ジェンクス法」と呼ばれる。—筆者注）に規定される場合を除いて、政府側証人となる可能性のある者による供述の開示または調査を許可することを政府に義務付けるものではない。

（3）大陪審記録

本規則は、規則 12（h），16（a）（1），及び 26.2.（大陪審手続、その中での証言終了後の証人の供述書の開示—筆者注）に定める場合を除いて、大陪審の記録化された手続の開示または調査には適用されない。

（b）被告人による開示

（1）開示対象情報

（A）書類及び有体物

被告人が規則 16（a）（1）（E）に基づいて開示を請求し、政府がこれに応じた場合は、被告人は政府に対しその求めに応じて、以下の条件を満たす書籍、新聞、書類、データ、写真、物、建物、土地、それらの写し、

または、それらの一部の調査、謄写または撮影を許可しなければならない。

（ｉ）それが被告人の所有、所持または支配下にあり、かつ、
（ii）被告人が公判において自己の立証のためにそれを使用する意図を有すること。
（Ｂ）鑑定及び試験の結果
被告人が規則16（ａ）（１）（Ｆ）に基づいて開示を請求し、政府がこれに応じた場合は、被告人は政府に対しその求めに応じて、以下の条件を満たす身体ないし精神鑑定、科学的試験や実験の結果や報告書の調査、謄写または撮影を許可しなければならない。
（ｉ）それが被告人の所有、所持または支配下にあり、かつ、
（ii）被告人が公判において自己の立証のためにそれを使用する意図を有するか、証言に関連する報告書を準備した証人を召喚する意図を有すること。
（Ｃ）専門家証人
政府の請求があれば、以下の場合に、被告人は政府に対し、公判で立証のために連邦証拠規則702、703または705の定めに基づいて使用する意図のある証言の概要を提供しなければならない。この概要には証人の意見、意見の基礎と理由及び証人の資格を記載しなければならない。
（ｉ）被告人が本条（ａ）（１）（Ｇ）に基づき請求し政府がこれに応じたか、または、
（ii）被告人が規則12.2（ｂ）（被告人がその精神状態を主張するときの政府に対する通知義務―筆者注）に基づき被告人の精神状態についての専門家証人を証かに予定であることを通知した場合。
（２）開示除外情報
科学的または医学的報告書を除いて、規則16（b）（1）は以下に示すものの開示を被告人に義務付けるものではない。

（Ａ）事件捜査または防御期間を通じて被告人、弁護人またはその代行者が作成した報告書、メモまたはその他の文書、または、

（Ｂ）以下の者の被告人、弁護人またはその代行者になされた供述。

（ｉ）被告人

（ⅱ）政府側または被告人の証人
（ⅲ）政府側または被告人の証人となる可能性のある者

（c）継続的開示義務

公判の前後を通じて新たな以下の条件を満たす証拠や材料を発見した当事者は速やかに相手方当事者または裁判所にその存在を明らかにしなければならない。
（1）それが本規則により開示または調査の対象となっていること、及び、
（2）相手方当事者がその開示を請求済みである場合または裁判所がその開示を命じていること。

（d）開示規制

（1）保護命令及び変更命令
裁判所は、いつにても、正当な理由に基づき、開示または調査の中止、制限または延期を命じ、またはその他の適切な措置を命ずることができる。裁判所は相手方抜き審査を求める当事者に対し書面によりそのための正当な理由を示すことを許すことができる。上記措置が認められたときは、裁判所は当事者の供述が記載された記録の全てを保存しこれを封印しなければならない。
（2）当事者が本規則に反した場合は、裁判所は以下の措置を取ることができる。
（A）当該当事者に開示または調査を許可することを命じること。この場合は、裁判所は、時、場所及び方法を特定し、かつ、その他の適切な条件を付することができる。
（B）公判の延期を認めること。
（C）開示されなかった証拠の顕出を禁止すること。
（D）諸事情を考慮してその他の適切な命令を下すこと。

6　アンケート結果

筆者はカリフォルニア州の刑事弁護士に対するアンケートを試みた。時間的制約等の関係で、アンケート用紙配布とその回収の数に限りがあり、200 通弱の配布で 21 通の回収であった。この回答数では統計的分析は適切でないが、おおよその傾向を知る手掛かりになると考え、その結果を以下に記す。

1　回答者の経験年数は 4 年から 40 年、平均 20 年というもので、20 年前後の中堅どころが多かった。各回答と経験年数の関連は殆ど見られなかった。従って、数に限りのある本調査を見る限り、以下に述べる傾向は経験年数に拘わらないと考えてよいであろう。

2　検察官がカリフォルニア州刑事ディスカバリー法を順守しているかについては、16 名が順守している、もしくは、ある程度順守している、というものであった。しかし、検察官による同法違反の事例を経験したことがあるかについては、回答内容不明を除く 20 人中 17 名があると答えた。検察官は多くの場合には法に従った開示をするが、検察官の違法な不開示を経験した弁護人も多いということになろう。

ところで、本法の開示制度は、裁判外での検察官の自主的開示や弁護人の請求による開示が原則とされ、そのような裁判外開示が円滑に進まない場合に裁判所に開示請求をしてその決定を得るという構造を取る。では、その裁判外開示は上手く機能しているのであろうか。この点につき、裁判外請求がどの程度拒否されるのか、あるいは拒否されないのかを聞いた。何を拒否ととらえるか、遅れた場合はどうか、無視はどうか、回答者によっ

て同じ事態を別に答えた可能性があるが（この点は、質問をもっと工夫すべきであった。）、拒否無しと答えたのはわずか4名であり、実質上80%以上が円滑な開示を受けない場合を経験していた。この関連で、違反した検察官を何人知っているか聞いたところ、知らないと答えたのは一人だけで、その他は人数はともかく「あり」か「（その存否は）分からない」との回答であった。分からないと答えた者は5名であるが、そこからは彼らが検察官に不信を持つかチェックしようのない制度に対する不信を持っていることが見て取れよう。以上、弁護人は検察官は本法をおおよそ順守はして開示しているが、全面的には信じられない、ケースによっては隠すことが多いと考えていることが見て取れるのではないだろうか。

3　日本でも導入されたイン・カメラ手続については、少なくとも刑事事件手続きでは必ずしも活発に利用されているということはないようである。

検察官の請求頻度を聞くと、ない、ほとんどなし、多くないが17名、80%であった。イン・カメラ手続利用度は高くないと言えよう。イン・カメラは公開主義という観点から問題であり、さらにこの手続きは相手方（この場合は弁護人）抜き手続きを伴うことが多く、これは当事者主義の観点からも批判のあるところであり、検察官も弁護人もこの辺りを意識して、できるだけ避けようとする傾向があるのではないか。なお、検察官がイン・カメラを請求する理由としては、情報提供者保護、捜査密行、関係者のプライバシー保護、各種秘匿特権等（本文参照）であった。

上に述べた弁護人抜き手続き、つまり弁護人の立会いなく、裁判官と検察官の間で問題の証拠または情報を被告人側に開示するべきかを審理して決定する手続につき、そのような手続が持たれることは「ない」、「ほとんどない」、または、「多くない」が18名、86%であった。イン・カメラが少ないので弁護人抜きも少ないということになろう。

4　弁護人の在席の有無とも関係するが、検察官が例外としての非開示を求めたとき、その理由の真実性や正当性をどのように確認・担保すべきか

は一つの問題である。これにつき、検察官に対する証言強制、弁護人の審理手続き関与、裁判所の審理及び制裁に対する積極的姿勢等が多く回答された。これらを裁判所の関与とまとめると、15名、71％となった。なお、他の回答は、解決策無しまたは不明が２名、無回答が３名であった。

5　証拠開示を徹底したものとしてオープン・ファイルがある。検察官が捜査機関所持･保管の証拠及び情報をすべて開示する、というものである。制度として法定されている場合もあれば検察官の自主的判断で実施されることもある。カリフォルニア州はこれを法律で定めることはしていない。それでは、実際に自主的全開示がどの程度なされているのか。11名がそのようなことを経験したと答えている。また、「本当に全開示かどうかは不明」と回答したものが４名であるが、その内の２名は「全開示」されたというものであり、他の２名も検察官が「全開示」と言うも本当かどうか確かめようがないというものであろう。これも全開示と数えると15名、71％であり、いかなる事件かは不明であるが、多くの弁護人が検察官の言う「全開示」を受けたとこがあるということになる。しかし、全開示を受けたと言う者も、それを本当に全開示と信じるかとの質問には、11名中４名が信じないとし、５名が必ずしも信じられるとは限らないとするのである。

また、全開示の回数については、「全開示」ありと答えた者の多くが「殆どなし」とか１、２回を回答している。平均弁護人経験年数が20年であってみれば、「全開示」は例外的になされているということになろう。

以上のことから、自主的全開示は質的にも量的にも不十分なものと言えるであろう。そこで、そのような欠点を補う方法を聞いたところ、オープン・ファイル・ポリシー（制度）が７名、裁判所の積極的関与が８名、弁護人の権限強化が２名というものであった。さらにオープン・ファイル・ポリシーの必要性を質問すると必要と回答した者が19名であった。多くの弁護人が同制度の必要性を感じているものといえよう。なお、19名中５名は検察官のみの全開示義務を主張するものであった。これは後に見る「相互主義」との観点からは興味深い。

オープン・ファイル・ポリシーを必要とする理由は、手続的正義、無罪推定原則、被告人の権利、検察官の真実義務や説明責任、検察官の開示義務該当判断の誤りの可能性等であった。

ただし、この制度も意図的隠匿には対処不能との回答もみられた。

証拠開示の範囲の問題と関連して多量（過量）開示の問題がある（本文参照）。そのような開示を受けたとする者が10名、無いとする者が11名であった。ただ、質問が、「too many」というもので、評価･主観に拘わり、膨大な量の開示を受けたが「too many」ではないとの回答もあり、参考となる所見を抽出することには躊躇せざるを得ない。

なお、回答の中には、6週間分の監視カメラビデオと9か月分の拘置所内からの電話記録を開示されたというものがあった。日本の多くの弁護人も同様の経験をしていることを思い苦笑せざるを得なかった。

このような多量開示に対し、実際に全証拠に目を通すかを聞くと、7名がイエスと答え、ノーが3名、無回答が9名であった。アンケートとは別に現実に弁護人に会ってインタビューした結果も同様であり、全部を精査することは不可能とするもの、法律補助職やインターンの協力を得て全部を調べるという者、「全部を精査しなければならない」と答える者など、さまざまであった。

6　本法は「相互主義」を採用し、被告人側の開示義務を規定する。弁護人はこの義務を守っているのであろうか。この質問には全員がイエスの回答であった。これを額面通りに受け取っていいかはともかく、それでは、そのような義務が弁護戦略に影響しないかを聞くと、「作戦を変更する」との回答を含めて影響ありが14名、67％であった。なお、影響なしと回答した者は経験年数13年から23年の中堅どころとなっていた。影響の内容としては、検察が証拠・証言を修正・変更、検察に戦略を知られること自体が問題、不安定な証人につき申請を差し控えるというようなものであった。では悪影響をどのように回避するかという質問に対する回答では、開示をできるだけ引き延ばすというものが多かった。

相互主義と関連して、本法は被告人側の真実義務を規定するように読め

るが、そのような義務を課することの可否を聞くと、本法はそのように規定していないと回答した者が３名、これに不適切と回答した者 10 名を加えて、被告人側の真実義務に否定的価値判断が 13、適切２であった。やはり、弁護人としては被告人側の真実義務には消極的にならざるを得ないのであろう。消極となる理由として、黙秘権、無罪推定原則、検察官の立証責任、弁護人の依頼者に対する義務、「真実」の相対性等が挙げられた。

7　本法の改正の必要性の有無についての質問には、必要性ありが 14 名と多かった。改正されるべき点としては、検察の開示義務履行の担保、相互主義の廃止、オープン・ファイル・ポリシー等が挙げられた。

8　最後に、本法が冤罪防止となっているか、との質問には、そう思うが１名、ある程度有効に機能しているが３名に対し、そう思わないが 14 名と圧倒的に多かった。制度自体とその運用にはまだ多くの問題が残されているようである。